D0810537

모리와 함께한 화요일

모리와 함께한 화요일

An old man, a young man, and life's greatest lesson

미치 앨봄 지음 | 공경희 옮김

세종서적

모리와 함께한 화요일

지은이 미치 앨봄
옮긴이 공경희
펴낸이 최승구
펴낸곳 세종서적(주)

기획위원 강경혜   편집장 안희곤
기획·편집 김옥경 정미영 김현주 양승요 장웅수
디자인 고문화 최미영
마케팅 김하수 김만성 박성욱

출판등록 1992년 3월 4일 제 4-172호
우편번호 100-012 서울시 중구 충무로 2가 61-4
Tel(02)778-4179, 318-5110 Fax(02)776-4013
e-mail sejongbook@sejong.co.kr
홈페이지 www.sejongbooks.co.kr

초판 1쇄 발행 1998년 6월 10일
초판 47쇄 발행 1999년 11월 20일

2판 1쇄 발행 1999년 12월 20일
2판 28쇄 발행 2002년 3월 5일

3판 1쇄 발행 2002년 3월 20일
3판 2쇄 발행 2002년 3월 30일

ISBN 89-8407-082-3

※잘못 만들어진 책은 바꾸어 드립니다.
※값은 뒤표지에 있습니다.

무서운 적 암과 용감히 맞서 싸우는

세상에서 가장 용기 있는

동생 피터에게 이 책을 바칩니다.

죽음이 거의 온몸에 침범해 들어와 침대에서만 누워 지내고, 안경조차 다른 사람이 씌워줘야 하지만, 마음만은 여전히 건강한 모리 교수. 그의 웃음이 참으로 건강하게 느껴진다.

이미 다리 쪽에는 루게릭 병이 이미 침범해 휠체어에 붙박인 신세지만, 아직까진 자유로운 양손을 흔들며 삶의 진정한 의미와 죽음을 맞는 과정을 열정적으로 들려주는 모리 슈워츠.

1995년 3월에 이루어진 ABC TV의 유명한 토크쇼 '나이트라인'의 사회자 테드 코펠과 모리의 첫 번째 인터뷰 장면. 점점 테드는 모리에게 마음을 열기 시작한다.

모리와의 마지막 인터뷰를 시작하기 전, 그에게 다정하게 키스하는 테드 코펠. 세 번째이자 마지막 인 이 인터뷰는 모리의 몸이 너무 나빠져서 서재에서만 행해졌다.

ABC TV 영화로 방영된 '모리와 함께한 화요일'의 장면들

이 책은 미국의 유명한 토크쇼 진행자 오프라 윈프리가 운영하는 영화사 하포 프로덕션에서 영화화되어, 48%라는 경이로운 시청률을 기록하면서 인기리에 방송되었다.

꼭 16년 만에 옛 스승과 재회하는 미치. 미치역으로 연기한 행크 아자리아는 2000년 에미상 최우수남우조연상을 수상했다.

비록 병으로 몸은 굳어 버렸지만, 마음속에서만은 자유롭게 춤을 추고 있는 모리. 모리역을 연기한 잭 레먼은 최우수남우주연상을 수상했다.

모리의 장례식에 참석한 모리의 가족들과 친구들, 그리고 제자 미치.

감사의 말

여러분들껜 혹시 이런 스승이 안 계십니까?

이 책을 쓰는 데 도움을 주신 많은 분들께 감사의 말을 전합니다. 모리 선생님에 대한 기억들을 하나하나 섬세하게 떠올려 주시고 오랫동안 여러 가지 성가신 일에도 싫은 내색 하나 없이 오히려 사랑과 인내로서 길잡이 역할을 해주셨던 모리 선생님의 가족 샬럿, 롭, 조너선과 선생님의 동생 데이비드 슈워츠, 그리고 친구인 모리 스타인, 찰리 더버, 고디 펠맨, 랍비 알 액슬라드를 비롯하여 도와주신 모든 분들께 감사드립니다.

또 편집자로서 이 책이 나오기까지 여러 면으로 지원을 아끼지 않았던 빌 토머스에게 특히 감사드립니다. 그리고 언제나 나보다 더 나를 믿어주는 데이비드 블랙에게도 감사의 말을 전합니다.

끝으로 누구보다도 이 마지막 논문을 함께 만들고 싶어하셨던 모리 선생님께 큰 감사를 드립니다.

여러분들껜 혹시 이런 스승이 안 계십니까?

차 례

T u e s d a y S   w i t h   M o r r i e

운명은 많은 생물을 굴복시키지만, 사람은 자신을 위험에 빠뜨린다.

—W.H. 오든(모리가 좋아하는 시인)

커리큘럼

내 노은사의 마지막 수업은 1주일에 한 차례씩 선생님댁에서 이루어졌다. 그는 서재 창가에서 땅에 떨어진 분홍빛 히비스커스 꽃잎을 내다보곤 했다. 수업은 화요일마다 아침 식사 후에 시작되었다. 주제는 '인생의 의미.' 선생님은 인생에서 얻은 경험들을 강의해 나갔다.

성적 평가는 없었지만 매주 구두 시험이 있었다. 나는 질문에 대답해야 했고, 또 스스로에게 질문을 던져야 했다. 그리고 이따금 선생님의 머리를 베개 위에 편안히 괴드린다든지, 흘러내린 안경을 코 위로 다시 밀어드려야 했다. 수업이 끝난 후 선생님께 안녕히 계시라는 인사와 함께 작별의 키스를 해드리면 점수를 더 주셨다.

교과서 따윈 필요없었지만, 사랑, 일, 공동체 사회, 가족, 나이 든다는 것, 용서, 후회, 감정, 결혼, 죽음 등 여러 가지 주제들이 논의되었다.

그리고 마지막 강의는 아주 짧았다. 겨우 몇 마디 말로 끝나 버렸으므로.

졸업식 대신 장례식이 치러졌다.

졸업 시험은 없었지만 배운 내용에 대해 긴 논문을 제출해야 했다. 그 논문이 바로 이 책이다.

모리 선생님이 일생 마지막으로 강의한 수업에 참여한 학생은 단 한 명뿐이었다.

내가 바로 그 학생이었다.

나의 졸업식

1979년 늦봄, 온몸이 습기로 끈적이는 토요일 오후. 우리 졸업생 수백 명은 캠퍼스 중앙 잔디밭에 줄맞춰 놓인 의자에 앉아 있다. 파란색 나일론 가운을 입은 우리는 기나긴 연설을 초조한 마음으로 듣고 있다.

모든 졸업식 행사가 끝나자 우리들은 사각모를 푸른 하늘로 던졌고, 그것으로 공식적으로 대학을 졸업하게 되었다. 드디어 매사추세츠 주 월섬 시에 있는 브랜다이스 대학 졸업생이 된 것이다. 이것으로 우리의 어린 시절은 막을 내렸다.

졸업식이 끝난 후, 나는 평소 가장 좋아하던 모리 슈워츠 교수님을 찾아뵙고 부모님을 소개시켜 드린다.

자그마한 체구의 모리 교수님은 언제나 강한 바람이 불어와 구름 위로 휩쓸려가기라도 할 것처럼 종종걸음을 걷는다. 그런 분이 졸업식 가운을 입고 계시니 꼭 성경책에 나오는 옛 선지자와 크리스마스 꼬마 요정을 합쳐 놓은 것 같다. 빛나는 청록색 눈동자와 이마를 덮은 은발, 커다란 귀, 삼각형의 코, 숱이 많은 잿빛 눈썹, 거기다 예전에 누군가에게 한방 얻어맞은 듯 약간 아랫니가 뒤로 비스듬히 넘어간 모습의 선생님은 이제

막 생전 처음으로 농담을 들은 사람 같은 환한 미소를 짓고 계신다.

교수님은 우리 부모님께 내가 자신이 가르친 모든 과목을 수강했다고 말한다. 그리고 "특별한 청년을 아드님으로 두셨습니다"라는 말도 덧붙인다. 당황한 나는 발끝만 물끄러미 내려다본다.

헤어지기 전, 나는 교수님께 선생님의 이름을 새겨넣은 가죽 서류 가방을 선물한다. 전날 쇼핑 센터에 가서 이 가방을 샀다. 그분을 잊고 싶지 않아서. 아니 어쩌면 그분이 날 잊지 않기를 바라면서….

"미치, 자넨 좋은 친구야."

교수님은 그 서류 가방을 무척 마음에 들어하며 말한다. 그리고 나서 날 꼭 껴안아준다. 그 가는 팔이 내 등을 감싸안는 느낌이란! 난 선생님보다 키가 크다. 그래서 선생님이 껴안자, 잠시 내가 부모가 되고 선생님이 아이가 된 듯한 묘한 착각에 빠진다.

선생님은 계속 연락하겠느냐고 묻는다.

난 주저하지 않고 대답한다.

"그럼요."

선생님이 팔을 풀고 뒤로 물러서자, 난 그분이 울고 있음을 알게 된다.

생애 마지막 프로젝트

선생님에게 사형 선고가 내려진 것은 1994년 여름이었다. 뒤돌아보면 모리 선생님은 그전부터 나쁜 일이 닥쳐오고 있음을 알았던 것 같다. 아마 춤추는 것을 그만둔 그날 알았을 것이다.

내 노은사는 옛날부터 춤을 굉장히 좋아했다. 어떤 음악이든 상관없었다. 로큰롤, 빅밴드(1930~50년대에 대편성된 재즈 댄스 음악 밴드), 블루스…. 그분은 전부 다 좋아했다. 두 눈을 지그시 감고 그 환하디 환한 미소를 지으며, 리듬에 맞춰 몸을 움직이곤 했다. 항상 멋진 춤을 추었던 것은 아니었다. 하지만 선생님은 항상 파트너가 누가 될지 염려할 필요가 없었다. 혼자서 췄으므로.

모리 선생님은 매주 수요일 밤, 하버드 스퀘어에 있는 교회에서 열리는 '무료 댄스 파티'에 갔다. 조명이 번쩍이고 스피커가 웅웅대는 소리 사이로 모리 선생님은 하얀 티셔츠와 검은 운동복 바지를 입고 목에는 수건을 두르고 학생들 사이를 누비고 다녔다. 그리고 무슨 음악이 나오든 그 음악에 맞춰 춤을 췄다. 지미 헨드릭스의 음악이 흘러나올 때는 그 음악에 맞춰 각성제를 먹은 지휘자처럼 양팔을 마구 흔들며 빙빙 돌면서 트위스트를 추곤 했다. 등판에 땀이 줄줄 흘러내릴 때까지 말이다. 그래서 그 댄스 파티에 오는 사람 중 어느 누구도 그분이 오랜 세월 대학에서 학생들을 가르쳐왔고, 또 대단히 훌륭한 저서를 몇 권이나 낸 유명한 사회학 박사라는 사실을 몰랐다. 젊은이들은 그저 정신나간 노인네쯤으로 생각했다.

한번은 이런 일도 있었다. 어느 날 선생님은 탱고 음악 테이프를 가지고 가서 틀어달라고 요청하고는 플로어를 혼자 독차지하며 열정적인 남미 애인처럼 앞으로 갔다 뒤로 갔다 야단이었다. 춤이 끝나자 모두 열광적인 박수를 보냈다.

그 순간에 영원히 머물렀다면 좋았을 것을….

하지만 그후 얼마 안 있어 더 이상 춤을 출 수 없었다.

선생님은 60대에 천식이 심해졌다. 숨쉬기가 여간 힘들지 않았다. 하루는 찰스 강가를 걷다가, 찬 바람이 불자 갑자기 가슴이 답답해지며 숨을 쉴 수 없었다. 선생님은 급히 병원으로 옮겨졌고, 아드레날린 주사를 맞아야 했다.

몇 년 후에는 걷기가 힘들어지기 시작했다. 친구의 생일 파티에서 선생님은 이유없이 비틀거렸다. 또 어느 날 밤에는 극장 계단에서 쓰러져 사람들을 놀래키기도 했다.

"인공 호흡을 시켜요!"

누군가 소리쳤다.

이즈음 선생님은 70대였고, 그래서 사람들은 "연로해서 그런가 보다"라고 수군대며 그를 부축해 일으켰다. 그러나 누구보다도 자기 내면과 많은 대화를 나누는 그는, 뭔가 이상이 있음을 감지하고 있었다. 나이가 많아서 아픈 것과는 다른 그 이상의 뭔가를…. 늘 힘이 없었다. 잠자기도 힘들었다. 그리고 죽어가는 꿈도 꾸었다.

의사들을 찾아다니기 시작했다. 여러 명의 의사들을 만났다. 의사들은 선생님의 혈액을 검사했고 소변 검사도 했다. 기구를 등 뒤에 꽂고 내장을 들여다보기도 했다. 마침내 아무런 원인도 찾아내지 못하자, 어떤 의사가 근육 생체조직 절편 검사를 하자며 장딴지에서 근육을 약간 떼어냈다. 신경 계통에 문제가 있다는 결과가 나왔고, 그래서 입원까지 해가며 추가 검사를 받아야 했다. 특별히 고안된 의자에 앉아 온몸에 전류를—말하자면 전기 의자 같은 것—흘려보내 신경 반응을 조사하는 검사도 했다.

"정밀 진단을 받으셔야겠는데요."

그 의사는 검사 결과를 훑어보며 말했다.

"왜요? 무슨 병입니까?"

선생님이 물었다.

"확실하지는 않지만, 반응 속도가 느립니다."

'반응 속도가 느리다니? 그건 또 무슨 말인가?'

마침내 1994년 8월 어느 후텁지근하던 날, 모리 선생님과 그의 부인 샬럿은 신경외과 진료실로 불려들어갔다. 의사는 그들에게 앉으라고 하고는 검사 결과를 밝혔다. 루게릭 병이라고 알려진 근(筋) 위축성 측색(側索) 경화증에 걸렸다고 했다. 척수신경 또는 간뇌의 운동세포가 서서히 지속적으로 파괴되어 이 세포의 지배를 받는 근육이 위축되어 힘을 쓰지 못하게 되는 원인 불명의 불치병으로, 영국의 세계적인 물리학자 스티븐 호킹도 이 병을 앓고 있다는 친절한 설명도 덧붙였다. 어쨌든 치명적인 신경 계통의 질환이라는 것이었다.

그러나 지금까지 이 병을 고치는 치료법은 없었다.

'내가 어쩌다 이런 병에 걸렸을까?'

모리 선생님은 반문했다.

주변에서 이 병을 앓고 있는 사람을 본 적도 없었다.

"죽을 병입니까?"

"그렇습니다."

"그럼, 난 죽는 건가요?"

"그렇습니다. 정말 죄송합니다."

의사는 정말 미안해 하며 말했다.

그 의사는 선생님 부부와 거의 2시간이나 앉아서 질문에 참을성 있게 대답해주었다. 그리고 그들이 떠날 때, 루게릭 병에 관한 정보가 수록된 작은 책자까지 주었다. 마치 이 노부부가 은행에 계좌를 개설하러 오기라도 한 것처럼.

병원 건물 밖으로 나오자 햇살이 따갑게 내리쬐었고 사람들은 자신들의 일에 여념이 없었다. 어떤 여자는 주차 미터기에 돈을 넣으러 달려갔고, 또 어떤 이는 식료품 봉지를 들고 바쁘게 걸어갔다. 샬럿의 마음속에는 수많은 생각들이 스치고 지나갔다.

과연 우리에게 얼마만큼의 시간이 남은 것일까? 이제부터는 어떻게 해야 하나? 치료비는 또 어떻게 충당하고?

한편 모리 선생님은 아무 일 없는 듯 잘 돌아가는 주변 분위기에 깜짝 놀랐다.

세상이 멈춰져야 되는 게 아닌가? 저 사람들은 내게 어떤 일이 벌어졌는지 알고나 있을까?

하지만 세상은 멈추지 않았으며, 아무 일 없는 듯 잘도 돌아갔다. 선생님은 힘없이 차문을 열면서 나락 속으로 추락하는 느낌을 맛봤다.

'이제 어쩐다?'

그는 속으로 중얼댔다.

선생님이 그 해답을 구하고 있는 동안, 하루하루 한 주일 한 주일씩, 병은 점점 더 그를 압박해왔다. 어느 날 아침, 그는 차고에서 차를 빼다가 브레이크를 밟을 수 없음을 깨달았다. 그걸로 운전은 끝이었다.

그리고 계속 돌아다녀야 했던 그는 지팡이를 사야 했다. 그것으로 당신 발로 걷는 일은 끝이었다.

선생님은 정기적으로 YMCA에 수영을 다녔는데, 어느 날 더이상 혼자서는 옷을 벗을 수 없다는 사실을 알게 되었다. 그래서 처음으로 도와주는 사람을 구해서—토니라는 신학과 학생이었다—풀장에 들어갈 때와 나갈 때, 그리고 수영복을 입고 벗을 때 도움을 받았다. 탈의실에서 사람들은 쳐다보지 않은 체하려 애썼지만, 결국 그들의 눈은 그에게 쏠렸다. 그것으로 프라이버시는 끝장났다.

1994년 가을, 선생님은 언덕 위에 있는 브랜다이스 대학 캠퍼스에 마지막 학부 강의를 하러 갔다.

물론 강의는 취소할 수 있었다. 대학측에서도 아마 충분히 이해했을 것이다. "여러 사람들 앞에서 고통을 겪을 필요가 뭐가 있겠어요? 집에서 편안히 쉬십시오. 남은 시간 동안이나마 여러 가지 일들을 정리하며 쉬세요"라고 말이다.

하지만 모리 선생님은 강의를 그만둔다는 생각은 꿈 속에서조차 하지 못했다.

대신 그는 지팡이에 의지하며 비틀비틀 강의실로 들어갔다. 30년 이상 그에게 집과 같았던 그곳을 말이다. 지팡이를 짚고 걷느라 의자까지 가는 데 한참이나 걸렸다.

마침내 의자에 앉자, 그는 안경을 벗더니 말없이 자신을 응시하고 있는 젊은이들의 얼굴을 한참 동안 바라보았다.

"젊은 친구들, 여러분 모두 사회심리학 강의를 들으러 여기 모인 줄로 압니다. 나는 20년간 사회심리학을 가르쳤습니다. 그런데 이번에 처음으로 이 강의를 들으려면 위험을 감수해야 한다는 말을 해야겠습니다. 왜냐면 나는 지금 죽을 병을 앓고 있기 때문입니다. 어쩌면 전 이번 학기 강의를 마무리짓지 못하고 죽을지도 모릅니다. 그게 걱정된다면, 교과목을 변경해도 좋습니다."

그렇게 말하고선 미소지었다.

이렇게 해서 그에 대한 비밀들은 모두 밝혀졌다.

루게릭 병은 촛불과도 같다. 그 병은 신경을 녹여 몸에 밀납 같은 것이 쌓이게 한다.

이 병은 다리에서 시작되어 차츰차츰 위로 올라오는 경우가 많다. 허벅지 근육이 제어력을 잃게 되면 자기 힘으로만 서 있을 수 없게 된다. 더 심해져 몸통 근육이 제어력을 잃게 되면 똑바로 서 있을 수도 없게 된다. 결국 이 지경에 이를 때까지 죽지 않고 살아있다면, 환자는 목에 구멍을 뚫고 튜브로 호흡해야 한다.

하지만 완벽하게 말짱한 정신은 무기력한 몸 속에 갇히게 된다. 몸으로는 그저 눈을 깜빡이거나 혀를 빼물 수 있을 뿐이어서, 공상과학영화에 나오는 냉동인간처럼 냉동되어 자기 살 속에 갇히는 꼴이 된다. 병이 난 시점부터 이렇게 되기까지 불과 5년밖에 걸리지 않는다.

담당의사들은 앞으로 2년 정도 살 것이라고 진단했다.

하지만 선생님은 그보다 끝이 빨리 오리란 것을 본능적으로 알고 있었다.

하지만 모리 선생님은 이미 중요한 결정을 내렸다. 시한부 생명이라는 선고를 받고 병원에서 나오던 그날, 그는 계획을 세우기 시작했다.

이렇게 시름시름 앓다가 사라질 것인가, 아니면 남은 시간을 최선을 다해 쓸 것인가?

스스로에게 물었다.

그는 시름시름 앓고 싶지 않았다. 또 죽어가는 것을 부끄럽게 여기고 싶지도 않았다.

대신 자신의 죽음을 삶의 중심이 될 마지막 프로젝트로 삼고 싶어했다. '누구나 죽으니까, 기왕이면 자신의 죽음을 대단히 가치 있는 일로 승화시킬 수는 없을까?'라고 말이다. 선생님은 연구 대상이 될 수 있었다. 인간 교과서.

천천히 참을성 있게 생명이 사그라드는 나를 연구하시오. 내게 무슨 일이 일어나는지 지켜보시오. 그리고 나와 더불어 죽음을 배우시오.

그는 삶과 죽음, 그 좁은 여정을 잇는 마지막 다리를 걸어가리라, 결심했다.

가을 학기는 빨리 지나갔다. 그와 함께 복용하는 약도 늘어갔다. 정기적인 치료도 행해졌다. 간호사들이 힘이 빠지는 다리를 치료하기 위해 집으로 왔다. 그들은 계속 근육을 운동시키려고, 우물에서 펌프질하듯 다리를 앞으로 굽혔다 뒤로 제쳤다 하기를 반복했다. 또 마사지 전문가가 일 주일에 한 차례씩 들러서 계속해서 뻣뻣해지는 몸을 풀어주려고 애썼다. 그리고 모리 선생님은 명상 선생님들을 만나서, 눈을 감고 생각을 좁혀갔다. 이 세상이 들이쉬었다 내쉬는 호흡 하나로 줄어들 때까지 말이다.

그러던 어느 날, 그는 지팡이를 짚고 인도로 올라서다가 도로에 쓰러졌다. 그후 지팡이는 보행기로 대체되었다. 몸이 약해지면서 화장실 출입이 몹시 힘들게 되자, 커다란 소변기에 소변을 보기 시작했다. 소변을 볼 때 양손을 짚고 서 있어야 했기 때문에, 소변을 보는 동안 누군가가 소변기를 들어줘야 했다.

보통 사람 같으면, 이런 상황에 몹시 당황해할 것이다. 특히 선생님 연배라면 더더욱. 하지만 선생님은 보통 사람들과는 달랐다. 가까운 동료가 찾아오면 그는 손님에게 이렇게 말하곤 했다.

"이보게, 나 소변 좀 봐야겠는데. 자네가 도와주려나? 그렇게 해줘도 괜찮겠어?"

손님들은 그가 소변을 보는 동안 소변기를 들어줘 보고는, 그 일이 너무나 아무렇지도 않다는 데 오히려 놀라곤 했다.

사실 선생님은 문병객들의 방문을 몹시 즐거워했다. 선생님은 죽어간다는 것의 의미를 토론하는 모임을 운영했다. 그 모임에서는 사람들이 죽어가는 것의 의미를 이해하지 못하면서 죽음을 얼마나 겁내고 있는지에 대해서 토론했다. 그는 친구들에게 정말 도와주고 싶으면 자신을 동정하지 말고, 찾아와주거나 전화해주고 그들의 문제를 의논해달라고 했다. 모리 선생님은 언제나 남의 이야기를 잘 들어주었기 때문에 친구들은 늘 고민거리를 의논하곤 했다.

그 모든 상황에도 선생님의 목소리는 힘이 있고 친절했으며, 마음속에는 수만 가지 생각들이 넘쳐나고 있었다. 그는

'죽어간다'는 말이 '쓸모없다'는 말과 동의어가 아님을 증명하려고 노력했다.

새해가 오고 또 갔다. 선생님은 아무에게도 말하지 않았지만, 이 해가 생애 마지막 해가 될 것임을 알았다. 이제 휠체어를 썼고, 사랑하는 사람들 모두에게 하고 싶은 말을 다하기 위해 시간을 쪼개고 있었다. 브랜다이스 대학에서 함께 가르치던 동료가 심장마비로 갑자기 죽음을 맞이하자, 그 장례식에 참석했던 그는 낙심해서 집으로 돌아왔다.

"이런 부질없는 일이 어디 있담. 거기 모인 사람들 모두 멋진 말을 해주는데, 정작 주인공인 어브는 아무 말도 듣지 못하니 말야."

선생님은 그렇게 말했다.

그리곤 아주 멋진 생각을 해냈다. 전화 몇 통을 건 후 날짜를 잡았다. 어느 추운 일요일 오후, 가까운 친구들과 가족들이 '살아 있는 장례식'을 치르기 위해 선생님댁에 모였다. 각자 멋진 말을 했고, 선생님에게 경의를 표했다. 몇몇은 울었고 몇몇은 소리내어 웃었다. 어느 여자분은 다음과 같은 시를 바치기도 했다.

내 사랑하는 사촌 형부…
당신의 늙을 줄 모르는 가슴은

마치 오랜 시간이 흐를수록

점점 여린 세쿼이아 나무처럼…

모리 선생님은 그들과 함께 울고 웃었다. 그리고 평소 우리
가 사랑하는 사람들에게 미처 말하지 못하는 가슴 벅찬 이야기
를 그는 그날 전부 했다. 그의 '살아 있는 장례식'은 그야말로
대성공이었다.

하지만 그는 아직 죽지 않았다.

사실 선생님 평생의 가장 특별한 페이지가 이제 막 펼쳐질
찰나였다.

졸업 후 미치의 이야기

이제 그 현명하고 사랑스런 교수님과 마지막으로 포옹하고 계
속 연락하겠다고 약속한 그 여름 이후 내게 어떤 일이 생겼는
지 설명해야겠다.

난 계속 연락하지 않았다.

사실 매일 맥주잔을 기울이던 친구들과도, 처음으로 함께
아침을 맞이했던 여자친구와도, 대학에서 알았던 사람들 거의
모두와 연락이 끊겼다.

졸업 후 몇 년간의 생활이 너무 힘겨워서 졸업식날 세상에
꿈을 펼쳐 보이러 뉴욕으로 떠난 젊은이는 온데간데없고 나는
완전히 딴사람이 되어버렸다.

세상은 내게 조금도 관심이 없었다. 20대 초반 시절 나는 이
곳저곳을 떠돌며 집세를 버는 데 급급했고, 열심히 구인 광고
를 찾아봤으며, 왜 내 앞길엔 푸른 신호등이 켜지지 않는지 의

아해했다. 내 꿈은 피아노를 연주하는 유명한 음악가가 되는 것이었지만, 어둡고 텅빈 나이트클럽을 몇 년씩 전전하며 끊임없이 계약 위반을 당했고, 밴드는 계속 해체되었으며, 프로듀서들이 나 아닌 모든 이들에게만 관심을 가지는 일들을 당한 끝에 결국 나의 꿈은 사그라들고 말았다. 나는 인생에서 처음으로 실패를 맛보고 있었던 것이다.

또 이 무렵 나는 생애 처음으로 심각하게 죽음을 목격하기도 했다.

나는 외삼촌을 정말 좋아했다. 그는 내게 음악을 느끼게 해주었고, 운전을 가르쳐주었으며, 여자 얘기를 하면서 놀려대기도 했고, 축구공을 가지고 함께 운동을 하던 분이었다. 그는 또 "저런 어른이 되어야지"라고 말할 수 있는 유일한 사람이기도 했다. 그런 외삼촌이 44살이라는 젊은 나이에 췌장암으로 세상을 떠났다.

삼촌은 키가 작고 콧수염을 기른 미남이었는데, 같은 아파트의 바로 아래층에 살면서 나는 삼촌 인생의 마지막 시기를 함께했다.

나는 강인했던 육체가 병으로 시들어가다가 잔뜩 붓는 것을 지켜보았고, 또 밤이면 밤마다 식탁에 몸을 구부린 채 배를 누르며 통증에 시달리는 모습을 지켜봐야 했다. 그는 두 눈을 '꾹' 감고서 고통으로 일그러진 입으로 "아아, 하나님." "아아,

맙소사!"라는 신음 소리를 토해내곤 했다. 나머지 식구들인 외숙모 그리고 어린 사촌 동생 둘과 나는 말없이 설거지를 하며 애써 외면하곤 했다.

평생 그렇게 무력하게 느껴지던 때는 없었다.

5월 어느 날 밤, 삼촌과 나는 아파트 발코니에 앉아 있었다. 산들바람이 부는 따뜻한 날씨였다. 삼촌은 지평선을 바라보면서 이를 악물고 말했다. 자기는 아이들이 새 학년을 맞이하는 것을 보지 못할 것 같다고. 그리곤 내게 사촌 동생들을 돌봐주겠느냐고 물었다. 난 그런 말 하지 말라고 했다. 삼촌은 슬픈 눈으로 나를 바라보았다.

몇 주일 후, 정말 삼촌은 자신의 말처럼 세상을 떠났다.

장례식이 끝난 후 내 삶은 완전히 바뀌었다.

갑자기 시간이 귀하게 여겨졌다. 하수구에 마구 흘려버리는 물처럼 시간이 쑥쑥 빠져나가는 것만 같아, 아무리 빨리 움직여도 느린 것만 같았다.

난 이제 더 이상 손님이 얼마 없는 나이트클럽에서 연주하지 않았다. 또 아파트에서 아무도 들어주지 않을 노래를 작곡하지도 않았다. 대신 학교로 돌아갔다. 그리고 저널리즘 석사 학위를 땄고, 처음으로 일자리를 제의받은 직장에서 스포츠 작가로 일했다. 내 자신의 꿈을 쫓는 대신, 명성을 갈구하는 유명 운동선수들에 대한 글을 썼다. 신문에 기사를 실었고, 잡지에도 자유 기고가로서 활동했다. 정신없이 일했다. 아침에 일어나서 양치질만 겨우 하고, 잘 때 입었던 차림 그대로 타자기 앞에 앉았다. 회사원 생활을 했던 삼촌은 다람쥐 쳇바퀴 같다면서 그 생활을 정말 지겨워했었다. 나는 삼촌처럼 인생을 마치지 않기로 다짐했다.

뉴욕에서 플로리다로, 거기서 다시 디트로이트로 가서 《디트로이트 프리 프레스》지의 칼럼니스트가 되었다. 디트로이트는 스포츠에 대한 인기가 좀처럼 사그러질 줄 모르는 도시라서—디트로이트에는 풋볼, 농구, 야구, 하키 프로팀들이 있었다—내 야망과 꼭 맞아떨어졌다. 몇 년 후, 나는 칼럼만 쓰는 게 아니라 스포츠에 관한 책도 쓰고 라디오 쇼도 진행했다. 그리고 정기적으로 텔레비전에 출연해서 부유한 풋볼 선수와 위선적인 대학 스포츠 프로그램에 대해서 열변을 토해내곤 했다. 나는 미국을 적시는 소나기 언론의 한 축을 이루고 있었다. 곳곳에서 날 원했다.

이제 렌트 인생은 끝났다. 나는 마구 사들이기 시작했다. 언덕 위의 집을 샀고 자동차들도 사들였다. 주식 투자를 하고 재산을 증식시켜나갔다. 기어를 5단에 놓고 달리는 것 같았고, 모든 일이 숨가쁘게 돌아갔다. 난 미친 듯이 일했다. 심장이 터질 듯한 속도로 차를 몰았다. 그리고 상상한 것보다 훨씬 더 많은 돈을 벌어들였다. 그리고 그 와중에 제닌이라는 검은 머리의 여인을 만났는데, 그녀는 내 바쁜 스케줄과 계속 출장을 가야 하는 상황에도 아랑곳하지 않고 날 사랑해주었다. 우리는 7년간의 긴 연애 끝에 결혼했다. 결혼식이 끝나고 1주일 만에 다시 일을 시작했다. 아내에게는—그리고 내 자신에게도—언젠가는 그녀가 그렇게도 원하는 가족다운 생활을 하게 될 거라고 약속했다. 하지만 결코 그런 날은 오지 않았다.

대신 나는 성취감에 파묻혔다. 일을 훌륭히 성취해내면 내가 내 인생의 칼자루를 쥐게 될 수 있으리라고 믿었으므로. 이렇게 살면 내 앞에서 비참히 죽어간 외삼촌처럼 병들어 죽기 전에, 행복의 마지막 조각까지 다 끼워맞출 수 있을 거라고 믿었으므로. 또 그런 결말이 내 운명의 당연한 몫이라고도 생각했으므로.

모리 교수님? 글쎄, 종종 생각하긴 했다. 그에게 배운 '인간답게 사는 것'과 '다른 사람과 관계 맺는 것'에 대해 생각하곤 했지만, 나와는 동떨어진 남의 인생 바라보듯 항상 멀찍이 선 채 바라볼 뿐이었다.

또 오랜 세월 나는 브랜다이스 대학에서 보내온 우편물은 모두 기부금을 요구하는 것으로 짐작하고 읽지도 않고 봉투째 몽땅 쓰레기통에 던져버렸다. 그래서 모리 선생님이 병에 걸렸다는 사실을 전혀 몰랐다. 그리고 내겐 그런 소식을 알려줄 만한 사람들조차 없었다. 하나같이 연락이 끊긴 지 오래였다.

그들의 전화번호는 어느 상자엔가 담겨 다락에 처박혀 있을
터였다.

　그날 밤 늦게 텔레비전 채널을 이리저리 돌려보지 않았다면
그런 상태로 쭉 지냈으리라. 채널을 돌리다가 귀에 익은 목소
리가 내 귀를 잡아끌지 않았다면….

코펠의 첫번째 인터뷰

1995년 3월, ABC TV의 유명한 토크 쇼 '나이트라인'의 사회자 테드 코펠의 리무진이 매사추세츠 웨스트 뉴턴의 눈덮인 모리 교수님댁 앞에 멈추었다.

모리 선생님은 이제 늘 휠체어에 앉아 지냈고, 도와주는 사람들이 휠체어에서 침대로, 침대에서 휠체어로 무거운 부대 주머니처럼 몸을 들었다 내렸다 하는 데 익숙해져 있었다. 그는 식사 도중 끊임없이 기침을 해댔고 음식 씹는 것을 몹시 힘겨워했다. 다리는 기능이 완전히 상실되어 이제 다시는 걷지 못했다.

하지만 그는 '절망'이란 말을 거부했다. 대신 아이디어의 피뢰침이 되었다. 메모지와 봉투, 서류철, 스크랩북 등에 떠오르는 생각들을 그때그때 메모해나갔다. 매일매일 죽음의 그림자를 껴안고 살아가는 삶에 대한 단상들을 써내려갔다.

"할 수 있는 일과 할 수 없는 일이 있음을 인정하라" "과거를 부인하거나 버리지 말고 있는 그대로 받아들여라" "자신과 타인을 용서하는 법을 배워라" "너무 늦어서 어떤 일을 할 수 없다고 생각하지 말아라" 등등.

한참 후, 이런 '아포리즘'은 50개가 넘었고, 그는 친구들에게 그것을 보여주었다. 그중 브랜다이스 대학의 동료 교수인 모리 스타인은 이 글귀에 매혹된 나머지 그것들을 《보스턴 글로브》지의 기자에게 보냈다. 그 기자는 모리의 아포리즘에 큰 감동을 받고 그에 대한 긴 글을 썼는데, 기사 제목은 이랬다.

어느 교수의 마지막 강의 : 자신의 죽음

이 기사가 '나이트라인' 담당 프로듀서의 눈에 띄었고, 그는 기사를 워싱턴의 테드 코펠에게 보여주었다.

"이것 좀 보세요."

프로듀서가 말했다.

그래서 모리 교수님네 거실에 카메라맨들이 들이닥쳤고, 코펠의 리무진이 오게 되었던 것이다.

선생님의 친구들과 가족 몇 분이 코펠을 만나기 위해 모여 있다가, 유명 인사가 집에 들어오자 모두 흥분해서 웅성댔다. 한데 정작 당사자인 모리 선생님만은 담담했다. 오히려 그는 혼자서 휠체어를 몰고나와 눈썹을 치켜뜨고선 노래하는 듯한 하이톤의 목소리로 소란을 잠재웠다.

"테드, 이 인터뷰를 승낙하기 전에 먼저 당신부터 검토해야겠소."

어색한 침묵이 흘렀고, 두 사람은 서재로 들어갔다. 그리고 문이 닫혔다.

"아이구, 테드가 모리한테 깐깐하게 굴지 않았으면 좋겠는데."

한 친구가 문 밖에서 소근댔다.

"난 모리가 테드한테 깐깐하게 굴지 않았으면 좋겠어."

다른 친구가 그의 말을 받아쳤다.

서재에 들어가자, 모리 선생님은 코펠에게 앉으라는 몸짓을 했다. 그는 무릎 위에 양손을 놓고 미소지었다.

"테드, 당신 마음에 가장 걸리는 것을 말해봐요."

선생님이 말문을 열었다.

"제 마음에요?"

코펠은 노인을 찬찬히 살펴보았다.

"좋습니다."

그는 조심스레 대답하고 나서 자식 이야기를 했다. 마음에 가장 걸리는 것은 자식이 아닐까?

"좋아요. 이제 당신의 신념에 대해 얘기해봐요."

코펠은 마음이 언짢아졌다.

"금방 만난 사람에게는 그런 이야기를 하지 않습니다."

"테드, 난 죽어가고 있다오. 시간이 별로 많지 않아요."

모리 선생님은 안경 너머로 쳐다보며 말했다.

코펠은 소리내어 웃었다.

"좋습니다. 신념이요."

그는 마르쿠스 아우렐리우스의 말 중에서 좋다고 생각되는
몇 구절을 인용했다.

모리 선생님은 고개를 끄덕였다.

"이제 제가 교수님께 여쭤보겠습니다. 제 프로그램을 보신
적 있으십니까?"

코펠이 물었다.

선생님은 어깨를 으쓱하며 대답했다.

"아마 두 번쯤."

"두 번이요? 그게 답니까?"

"기분 나빠할 것 없어요. '오프라' 쇼는 딱 한 번 봤으니까."

"그럼 제 프로그램을 두 번 보시고 어떤 생각을 하셨습니
까?"

모리 선생님은 잠시 머뭇거리다가 물었다.

"솔직히 말해도 괜찮겠소?"

"네에?"

"당신이 나르시시스트라고 생각했소."

코펠은 갑자기 웃음보를 터뜨렸다.

"이렇게 못생겼는데 어떻게 나르시시스트겠습니까?"

곧 거실 벽난로 앞에서 카메라가 돌아갔다. 코펠은 파란색 양복을 쪽 빼입었고, 모리 선생님은 헐렁한 회색 스웨터 차림으로 카메라 앞에 자리잡았다. 모리는 인터뷰하기 위해 멋진 옷을 걸치거나 화장하기를 거부했다. 이것은 평소 죽음은 결코 당황스런 것이 아니어야 한다는 그의 철학을 잘 보여주는 행동이었다. 그는 죽음의 콧잔등에 분칠하지 않으려 했다.

휠체어에 앉아 있었기 때문에 카메라는 선생님의 힘없는 다리를 잡지 못했다. 그리고 아직까진 양손을 움직일 수 있었기 때문에—그는 언제나 양손을 활기차게 휘저으며 얘기했다—열정적으로 자신이 삶의 종말을 어떻게 맞고 있는지 설명해나갔다.

"테드, 이 모든 게 시작됐을 때 난 스스로에게 물었어요. '다른 사람들처럼 나도 이 세상에서 그대로 물러날 것인가? 아니면 계속 보람 있는 삶을 살 것인가?' 하고 말이요. 난 원하는 대로 살기로—아니 최소한 그렇게 살려고 노력하기로—

결정했어요. 위엄있게, 용기있게, 유머러스하게, 침착하게.

테드의 얼굴을 바라보며 미소지은 후 다음 말을 이어나갔다.

"물론 아침이면 울고 또 울면서 자기 연민에 빠지는 날도 있어요. 또 어떤 날 아침에는 화가 나고 쓸쓸하기도 해요. 하지만 그런 기분은 오래 가지 않아요. 매일 아침 일어나면서 난 이렇게 말해요. '난 살고 싶다.'"

"그렇군요."

"지금까지는 잘해올 수 있었어요. 앞으로도 이렇게 잘할 수 있을지는 나도 잘 모르겠어요. 하지만 잘해나갈 거라고 생각해요."

코펠은 모리 선생님에게 푹 빠진 것 같았다. 그는 죽음이 일으키는 수치감에 대해 물었다.

"글쎄요, 프레드."

모리 선생님은 자기도 모르게 딴 이름을 불렀다가 금세 고쳐 말했다.

"아니 테드…."

"바로 이런 것이 수치심을 야기하겠죠."

코펠은 이렇게 말하고는 크게 웃었다.

두 사람은 사후 세계에 대해서도 이야기를 나누었다. 그리고 그들은 다른 사람에게 자신이 더 많이 의존하게 된다는 이야기도 했다. 그는 이미 먹고 앉고 장소를 이동할 때 다른 사람의 도움이 필요했다.

또 코펠은 물었다.

"천천히 쇠락하는 데 가장 두려운 게 뭡니까?"

모리 선생님은 잠시 말을 멈추었다. 그리고 텔레비전에서 이런 말을 해도 되느냐고 물었다.

코펠은 괜찮다고 대답했다.

우리 선생님은 미국에서 가장 잘 나가는 인터뷰어의 눈을 똑바로 쳐다보며 말했다.

"테드, 어느 날 갑자기 누군가 내 엉덩이를 닦아줘야만 된다는 사실이 가장 두렵소."

이 프로그램은 금요일 밤에 방송되었다. 테드 코펠이 워싱턴의 데스크에 앉아 있는 장면으로부터 시작되었다. 그는 신념에 찬 목소리로 말했다.

"모리 슈워츠는 누구입니까? 그리고 왜 이 늦은 밤 여러분은 그를 그토록 걱정하는 것일까요?"

그때 나는 천 마일쯤 떨어진 언덕 위의 내 집에서 채널을 돌리고 있었다. 텔레비전에서 흘러나오는 "모리 슈워츠는 누구입니까?"라는 소리가 갑자기 귀에 들어오자 난 그만 멍해져버렸다.

미첼과 미치의 차이

1976년 봄, 첫 수업 시간. 나는 모리 교수님의 널따란 연구실에 들어선다.

사방 벽의 선반마다 꽂힌 수많은 책들이 눈에 들어온다.

사회학, 철학, 종교, 심리학에 관한 서적들.

마룻바닥에는 커다란 융단이 깔려 있고, 창 밖으론 캠퍼스의 보도가 내다보인다.

교수님의 연구실에는 열댓 명이 모여서 공책과 강의 요목을 만지작거리고 있다.

대부분 청바지에 운동화, 면 셔츠 차림이다.

이렇게 작은 규모의 강의니 결석하기가 쉽진 않겠다고 속으로 중얼댄다. 수강하지 말까?

"미첼?"

모리 교수님이 출석을 부른다. 난 손을 든다.

"미치라고 부르는 편이 더 좋은가? 아니면 미첼이 더 낫겠나?"

선생님한테 이런 질문을 받기는 난생 처음이다.

난 노란색 터틀 넥 스웨터와 초록색 코르덴 바지 차림에, 이

마에는 은빛 머리칼이 덥수룩하게 덮인 교수님을 찬찬히 쳐다본다. 그는 미소짓고 있다.

"미치가 좋습니다. 친구들은 저를 미치라고 부르거든요."

"좋아, 그럼 나도 미치로 하지."

교수님은 마치 거래라도 성사된 듯 말한다.

"그럼, 미치?"

"네?"

"언젠간 자네가 날 친구로 생각해주길 바라네."

졸업 후 첫 만남

조용한 보스턴 교외 지역인 웨스트 뉴턴. 이곳 교수님댁 앞으로 렌트한 차를 몰고들어갈 즈음, 난 한 손에는 커피가 담긴 컵을 들고 다른 한쪽으론 귀와 어깨 사이에 핸드폰을 끼고 있었다. 텔레비전 방송국 프로듀서와 지금 제작중인 프로그램에 대해 통화하는 중이었다. 몇 시간 후에 비행기로 돌아갈 예정인 나는 디지털 시계와 도로에 줄지어 선 우편함에 적힌 번지수를 번갈아가며 쳐다보고 있었다. 그리고 뉴스만 방송하는 채널의 라디오 방송을 틀어놓고 있었다. 늘 이런 식이었다. 한번에 다섯 가지 일을 했다.

"테이프를 돌려서 틀어줘봐요. 그 부분을 다시 들려줘요."

나는 프로듀서에게 말했다.

"알겠습니다. 잠깐만요."

그가 대답했다.

한데 갑자기 그 집이 나타났다. 브레이크를 밟다가 커피를 그만 무릎에 쏟고 말았다. 자동차가 멈췄을 때, 커다란 단풍나무와 집 앞 차도 부근에 앉아 있는 세 사람이 눈에 들어왔다. 젊은 남자와 중년의 여자, 그리고 휠체어에 앉은 왜소한 노인.

"모리…"

교수님을 보자 난 얼어붙고 말았다.

"여보세요? 아직 듣고 계십니까?"

다급한 프로듀서의 목소리가 들려왔다.

교수님과는 꼭 16년 만이었다. 머리숱이 적어지고 거의 백발이 되어버린데다가 수척해진 얼굴. 갑자기 이런 만남에 대한 준비가 안 되었다는 느낌이 들었다. 우선 난 지금 전화 통화중이었다. 그래서 교수님이 내가 도착한 것을 알아차리지 못했기를 바랐다. 그 동네를 몇 바퀴 돌면서 전화 통화를 마치고, 그러는 동안 마음의 준비를 할 수 있을 테니까. 하지만 예전에 내가 너무나 잘 알던 모리 교수님은, 쇠락한 모습의 내 옛 은사는 내 차를 보고 미소짓고 있었다. 그리고 무릎 위에 손을 포개고 내가 내리기를 기다리고 있었다.

"여보세요? 듣고 있어요?"

프로듀서가 다시 나를 부르는 목소리가 들려왔다.

우리가 함께한 시간을 생각하면, 그리고 어릴 때 그분이 내게 보여줬던 친절과 인내를 생각하면, 난 당장 전화기를 집어

던지고 차에서 뛰어내려 선생님께 달려가 입을 맞추며 인사를 해야 했다.

하지만 나는 시동을 끄고 나서도 뭘 찾는 사람처럼 그대로 앉아 있었다.

"그래요, 듣고 있어요."

난 전화기에 대고 소리쳤다. 그리고 프로듀서와 그 이야기를 끝까지 마무리지었다.

졸업 후 내가 가장 잘하게 된 일을 끝까지 했다. 즉 나는 일하는 체했던 것이다. 죽어가는 선생님이 잔디밭에서 저렇게 날 기다리는 동안에도…. 그 일을 생각하면 지금도 얼굴을 들 수 없다. 하지만 난 그때 그랬다.

5분 후, 모리 선생님은 날 끌어안고 성긴 머리칼을 뺨에 대고 부볐다. 난 열쇠를 찾느라 차에서 금방 내리지 못했노라고 둘러댔다. 그리고 거짓말을 만회하려는 듯 선생님을 더욱 꼭 끌어안았다. 봄 햇살이 따뜻했지만 그는 방풍 점퍼를 입고 무릎에는 담요를 덮고 있었다. 선생님에게선 약을 복용하는 사람들에게 종종 나는 시큼한 냄새가 났다. 선생님이 얼굴을 댔을 때는 그의 힘겨운 숨소리가 내 귀에 들렸다.

선생님은 속삭였다.

"내 오랜 친구, 마침내 자네가 왔구만."

그는 날 놓지 않으려고 내게 몸을 기댔고, 내가 허리를 굽히자 양손으로 내 팔꿈치를 잡았다. 난 오랜 세월이 흘렀는데도 선생님이 너무나 다정스럽게 나를 대하는 데 놀랐다. 그리고 '내가 현재와 과거 사이에 세웠던 담 때문에, 우리가 얼마나 가까운 사이였는지 그만 깜박 잊고 있었구나' 하는 생각과 함께 졸업식날이, 서류 가방이, 떠나는 내게 보여주었던 선생님의 눈물이 떠오르자, 난 침을 꿀꺽 삼켰다. 내가 이제 더 이상 그분이 기억하는 재능 있고 착한 학생이 아니라는 사실을 마음속 깊이 알고 있었으므로.

선생님을 뵙는 몇 시간 동안, 그분이 현재의 내 모습을 몰랐으면 좋겠다고 생각했다.

집 안으로 들어가, 우리는 호두나무 식탁에 앉았다. 이웃집이 넘어다보이는 창가였다. 선생님은 좀더 편한 자세를 취하려고 휠체어를 이리저리 옮기느라 야단을 피웠다. 그리고 전과 다름없이 내게 음식을 먹이고 싶어했고, 난 좋다고 했다. 집에서 일을 도와주는 코니라는 이탈리아인 아주머니가 빵과 토마토를 잘라주고 치킨 샐러드와 후무스(병아리콩을 삶아 곱게 간 것에 참기름을 넣어 맛을 낸 것으로, 빵을 찍어 먹는다) 그릇들을 가져왔다.

그녀는 또 알약도 가져왔다. 그는 약을 보자 한숨을 내쉬었

다. 선생님은 내 기억보다 훨씬 눈이 푹 꺼져 있었고, 광대뼈
는 도드라져 보였다. 그래서 미소지을 때는 더 엄격하고 더 늙
어보였다. 물론 축 처진 뺨은 커튼처럼 주름이 잡혔다.

"미치, 내가 죽어가고 있다는 걸 자네도 알지."

선생님이 나직이 물었다.

"네, 알아요."

"그렇다면 됐네."

그는 알약을 삼키고 종이컵을 내려놓은 후 숨을 깊이 들이
쉬었다. 그런 다음 이런 말을 했다.

"그게 어떤 기분인지 말해볼까?"

"어떤 기분이죠? 죽어가는 것은?"

"그러지."

선생님은 말씀하셨다.

나도 모르는 사이 우리의 마지막 강의는 이미 시작되었다.

미치를 사로잡는 두 가지 열망

대학 신입생 시절. 모리 교수님은 다른 교수님보다 늙으셨고, 나는 다른 학생보다 어리다. 그건 내가 남들보다 고등학교를 1년 먼저 졸업했기 때문이다.

난 나이가 어린 것을 감추기 위해, 나이들어 보이도록 회색 운동복 상의에 펑퍼짐한 운동복 바지를 입고 피우지도 않는 담배를 물고 돌아다닌다. 오래되어 낡은 머큐리 쿠거를 몰 때면 창문을 내리고 음악을 크게 틀어놓고 달린다.

일부러 거친 분위기를 자아내려고 애쓰지만, 왠지 내 마음을 잡아끄는 건 모리 교수님의 부드러움. 그리고 교수님은 일부러 꾸며 행동하는 내 모습보다는 원래의 내 모습대로 보기 때문에 항상 마음이 편하다.

처음 수강한 교수님의 강의가 종강하자, 다음 학기에도 모리 교수님의 강의에 등록한다. 그는 성적에 크게 신경쓰지 않기 때문에 성적을 잘 준다. 선배들 얘기로는, 월남전이 계속된 해에 모리 교수님은 학생들이 징병 유예를 받을 수 있도록 남학생 모두에게 A를 주었다고 한다.

나는 고등학교 때 육상 코치를 '코치'라고 불렀던 것처럼 모리 교수님을 '코치'라고 부르기 시작한다. 교수님은 그 별명을 무척 마음에 들어한다.

"코치라. 그거 좋지. 그럼 내가 자네 코치가 돼주지. 그러면 자넨 내 선수가 되는 거야. 이젠 늙어서 내가 살지 못하는 멋진 삶을 나 대신 살아줄 수 있겠지?"

종종 우린 카페테리아에서 함께 식사를 한다. 모리 교수님이 나보다 훨씬 더 지저분해서 난 기분이 좋다.

선생님은 입 속에 음식을 가득 넣은 채 말을 하고, 어떤 때는 심지어 입을 벌리고 크게 웃어제끼기까지 한다. 그리고 달걀 샐러드 샌드위치를 한 입 가득 넣은 채, 열의에 차서 자신의 생각을 토로하기도 한다. 이빨에 달걀 노른자가 묻은 것도 모른 채.

그런 점이 내 마음에 쏙 든다. 교수님과 지냈던 시절 내내, 난 두 가지 열망에 사로잡힌다. 그를 꼬옥 껴안아주고 싶은 마음과 그에게 냅킨을 건네주고 싶은 마음….

숨쉬기 그리고 숨 헤아리기

식당 창으로 햇살이 비쳐들어 참나무 마룻바닥이 반짝거렸다. 우리는 거의 2시간이나 이야기를 나누었다. 전화가 다시 울리자 모리 선생님은 집안일을 도와주는 코니에게 전화를 받아달라고 부탁했다. 코니는 선생님의 작고 검은 수첩에 전화를 건 사람의 이름을 적었다. 약속 시간을 기록하는 그 수첩에는 친구들의 이름과 명상 선생님들의 이름이 가지런히 적혀 있었다. 그리고 토론 그룹도 적혀 있었고, 잡지에 실을 사진을 찍으러 오고 싶어하는 사람도 있었다.

모리 선생님을 방문하고 싶은 사람이 나뿐만은 아니었다. '나이트라인'이 그를 명사로 만들어버린 듯했다. 난 선생님에게 그렇게 많은 친구가 있다는 사실이 감동스럽기도 했고 한편으로는 샘나기도 했다. 대학 시절 내내 내 생활을 둘러싸고 있던 '동창들'을 생각해봤다. 모두 어디로들 갔을까?

"미치, 내가 죽어간나니까 사람들이 훨씬 더 관심을 기울여 주는군."

"선생님은 항상 관심을 끄는 분이셨어요."

"오 그래? 그렇게 말해주니 고맙네."

그는 미소를 지었다.

'아니예요. 정말 그렇잖아요.'

나는 속으로 중얼거렸다.

"사실은 이런 이유 때문이야. 사람들은 나를 다리로 생각해. 난 예전처럼 살아있는 것도 아니고, 그렇다고 완벽하게 죽은 것도 아니야. 뭐랄까…. 그래. 난 일종의… 그 중간쯤에 있는 존재라고 할 수 있어."

그는 마구 터져 나오는 기침을 겨우 진정하고 나서 다시 미소지었다.

"난 지금 마지막 여행을 하고 있고, 사람들은 내게 어떤 짐을 챙겨야 하는지 듣고 싶어하지."

전화벨이 다시 울렸다.

"모리, 통화하실 수 있으세요?"

코니가 물었다.

"난 지금 옛 친구랑 대화하고 있어요. 다시 걸라고 해줘요."

그가 대답했다.

선생님은 날 왜 그렇게 따뜻하게 맞아주셨을까? 지금도 잘 모르겠다. 지금 난 16년 전 선생님의 곁을 떠난 그 장래가 유망한 학생이 아니었다. '나이트라인'이 아니었다면, 선생님은 내 얼굴을 다시는 못보고 돌아가셨을 텐데. '요즘에는 누구나 다 그렇게 살지 뭐'라는 말 이외에는 다른 핑계를 댈 만한 말이 내겐 없었다. 나는 내 생활에 완전히 휩싸여 살았다. 그리고 너무나 바빴다.

내가 어떻게 된 걸까? 난 스스로에게 물었다. 모리 선생님의 귀에 익은 목소리는 날 대학 시절로 데려갔다. 그 시절 난 부자는 모두 나쁜 사람이며, 와이셔츠와 넥타이는 죄수복이라고 생각했다. 잠에서 깨어 어디든 떠날 자유, 오토바이를 몰고 바람을 맞으며 파리의 뒷골목을 누비고 티벳에 들어갈 자유가 없는 삶은 행복한 삶이 아니라고 생각했는데. 그랬던 내가 어찌된 걸까?

80년대가 흘러갔다. 그리고 90년대도 흘러가고 있다. 그 사이 죽음과 질병, 비만, 머리가 벗겨지는 일들이 일어났다. 또 많은 꿈들을 두둑해진 월급 봉투와 맞바꿔버렸다. 그러면서도 내가 무슨 짓을 하고 있는지조차 깨닫지 못했다.

하지만 지금 모리 선생님은 근사했던 우리의 대학 시절에 대해서 이야기했다. 마치 내가 그저 긴 방학을 지내고 돌아오기라도 한 것처럼.

"마음을 나눌 사람을 찾았나?"

그분이 물었다.

"지역 사회를 위해 뭔가 하고 있나?"

다시 나의 얼굴을 들여다보며 물었다.

"마음은 평화로운가?"

나는 점점 얼굴이 빨개져갔다.

"최대한 인간답게 살려고 애쓰고 있나?"

난 그런 질문들에 당황해 하며 마치 그런 것들을 완수하려 애쓰며 살았던 것처럼 보이고 싶어서 우물쭈물했다. 도대체 어떻게 된 것일까? 절대로 돈 때문에 일하진 않겠다고 스스로 다짐한 시절이 있었는데. 평화봉사단에 가입하겠다고, 영감을 주는 아름다운 곳에서 살겠다고 다짐했던 때가 있었는데….

한데 나는 지금 10년째 디트로이트에서 살고 있으며, 같은 직장에서 일하고, 같은 은행을 이용하고, 같은 이발소에 다니고 있다. 난 37살이었고, 컴퓨터와 핸드폰에 매달려 대학 시절보다 한결 능률적으로 살았다. 그리고 난 부유한 운동선수들에 대한 기사를 썼다. 그들 대부분은 나 같은 사람한테는 신경도 쓰지 않는 사람들이었다. 난 이제 더 이상 또래에 비해 어려보이지 않았으므로, 회색 운동복을 입고 불도 붙이지 않은 담배를 물고 돌아다니는 짓 따윈 하지 않았다. 또 달걀 샐러드 샌드위치를 먹으면서 오랜 시간 인생의 의미를 토론하는 일도 물론 없었다.

하루하루의 스케줄은 꽉차 있었지만, 만족스럽지 못한 시간들이 많았다.

'내가 어떻게 된 거지?'

"코치."

갑자기 선생님의 별명이 기억났다.

그는 환하게 웃었다.

"그래, 맞아. 난 지금도 자네의 코치라구."

그는 소리내어 웃은 후 다시 먹기 시작했다. 벌써 40분 전부터 먹기 시작했는데….

선생님을 바라보았다. 그는 처음으로 먹는 법을 배우는 사람처럼 손을 매우 천천히 움직였다. 나이프로 음식을 힘껏 자르지도 못했다. 손가락이 후들후들 떨렸다. 한 입 한 입 베어물 때마다 그것은 숫제 몸부림에 가까웠다. 음식을 한참 씹고 나서야 겨우 삼킬 수 있었고, 가끔 입가로 음식물이 흘러내리기도 했다. 그럴 땐 들고 있던 것들을 모두 내려놓아야만 겨우 냅킨으로 얼굴을 닦을 수 있었다. 손목에서 손가락 관절까지 피부에 수많은 점들이 나 있었고, 닭고기 수프에 든 닭뼈처럼 살은 축 늘어져 있었다.

우린 한참 동안 그렇게 먹었다. 병든 노인과 건강하고 젊은 남자 둘이서. 그러다 둘 다 조용한 방 분위기에 휩싸였다. 당황스런 적막감이라 말하고 싶었지만, 사실 당황한 사람은 나뿐이있다.

갑자기 모리 선생님이 말문을 열었다.

"죽어가는 것은 그저 슬퍼할 거리에 불과하네. 불행하게 사는 것과는 또 달라. 나를 찾아오는 사람들 중에는 불행한 이가 아주 많아."

"왜 그럴까요?"

"글쎄…. 무엇보다도 우리의 문화는 우리 인간들이 행복감을 느끼지 못하게 하네. 우린 거짓된 진리를 가르치고 있다구. 그러니 제대로 된 문화라는 생각이 들지 않으면 굳이 그것을 따르려고 애쓰지는 말게. 그것보단 자신만의 문화를 창조하게. 그러나 대부분의 사람들은 그렇게 하지 못하네. 그래서 그들은 나보다 훨씬 더 불행해. 이런 상황에 처한 나보다도 말야."

"정말 그런가요."

"나는 죽어가고 있지만, 날 사랑하고 염려해주는 사람들에 둘러싸여 있잖나. 사랑하는 사람들에게 둘러싸여 산다고 자신 있게 말할 수 있는 사람이 과연 몇이나 될까?"

그가 전혀 자기 연민을 가지고 있지 않다는 사실이 정말 놀라웠다.

이젠 춤을 출 수도 없고, 혼자선 수영도 할 수 없고, 목욕도 할 수 없으면서, 아니 걷지도 못하면서. 또 초인종 소리가 나도 나가볼 수도 없고, 샤워 후 자신의 몸을 닦지도 못하면서,

아니 침대에서 몸을 뒤척이지도 못하면서. 어떻게 저렇게 매사를 잘 받아들일 수 있을까?

난 선생님이 힘겹게 포크를 가지고 애쓰고 있는 모습을 지켜보았다. 선생님은 토마토 조각을 두어 번 놓친 후에야 겨우 집을 수 있었다. 애처로운 광경이었지만, 선생님 앞에 앉아 있으니 이상하게도 엄숙함이 깃들어 있다는 느낌을 받았다. 대학 시절 나를 위로해주었던 그 차분한 바람이 우리의 주위를 감싸고 있었다.

나는 습관적으로 손목 시계를 힐끗 보았다. 예상했던 시간보다 지체되고 있었다. 집으로 돌아가는 비행기 예약 시간을 바꿔야겠다는 생각이 들었다. 바로 그 순간, 선생님이 하신 말씀이 오늘까지도 내 마음에서 떠나지 않는다.

"내가 어떻게 죽을지 자네 아나?"

난 눈썹만 잔뜩 치떴다.

"난 질식해서 죽을 거야. 그래. 천식 때문에. 폐가 이 병을 제대로 견뎌낼 수 없거든. 이 루게릭 병이란 놈이 몸 위로 차츰차츰 올라오고 있어. 이미 다리는 다 잡아먹었고. 이제 곧 팔과 손에도 올라올 거야. 그게 폐까지 올라오면…."

그는 어깨를 으쓱하며 말을 이었다.

"…난 끝이야."

뭐라고 대꾸할 수가 없어서 난 이렇게 말했다.

"선생님… 그건 모르는 일이에요."

모리 선생님은 눈을 감았다.

"난 안다구, 미치. 자네, 내가 죽는 것을 두려워해서는 안 돼. 난 훌륭한 삶을 살아왔고, 우리 모두 끝이 있다는 걸 알잖나. 이제 4, 5개월 남았을걸."

"제발 선생님, 그런 말씀하지 마세요. 그건 아무도 알 수 없어요…."

난 초조하게 말했다.

하지만 그는 부드럽게 말했다.

"아니야, 난 잘 알아. 간단한 테스트까지 있는걸. 어떤 의사가 가르쳐줬어."

"테스트요?"

"몇 차례 숨을 들이쉬어보게."

난 선생님이 시키는 대로 했다.

"이제 한 번만 더 들이쉬봐. 하지만 이번엔 숨을 내쉴 때, 다음 들이마실 때까지 몇까지 셀 수 있는지 한번 헤아려 보라구."

난 숨을 내쉬면서 재빨리 헤아렸다.

"1-2-3-4-5-6-7-8-…-70."

70까지 센 후 다시 숨을 들이마셨다.

"잘했네. 폐가 건강하군. 자, 이제 내가 하는 걸 잘 보게."

그는 공기를 들이쉰 다음 힘없는 목소리로 헤아리기 시작했다.

"1-2-3-4-5-6-7-8-9-10-11-12-13-14-15-16-17-18."

그는 숫자 세기를 멈추고 숨을 들이쉬었다.

"처음 의사가 시켰을 때는 23까지 셀 수 있었네. 근데 지금
은 18까지야."

선생님은 눈을 감고 고개를 흔들었다.

"탱크가 거의 비었어."

나는 허벅지를 초조하게 두드렸다. 오늘 하루의 만남으론
이만하면 충분했다.

"늙은 선생을 다시 만나러 오라구."

내가 작별 인사를 하면서 끌어안자 선생님은 그렇게 말했다.

그러겠다고 약속했다. 전에 똑같이 약속을 했던 사실을 떠
올리지 않으려 무진 애를 썼다.

상반됨의 긴장

대학 구내 서점에서 나는 모리 교수님의 독서 리스트에 오른 책 몇 권을 산다. 전에는 이 책들이 출간된 줄도 몰랐던 것들이다. 제목을 보면《젊음 : 자기 정체와 위기》《나와 너》《해체된 자아》같은 것들이다.

　대학 진학 전, 난 인간관계에 대한 연구가 학문의 한 계통으로 간주될 수 있다는 사실조차 몰랐다. 또 모리 교수님을 만날 때까지는 그것이 학문이라는 것도 믿지 않았다.

　하지만 책을 향한 그분의 열정은 대단하여 주위에 있는 사람까지 전염되기도 한다.

　수업이 끝나고 강의실이 텅 비면 우리는 가끔 진지한 대화를 나누기 시작한다. 교수님은 내 생활에 대해 여러 가지를 묻고, 독일 태생의 미국 정신분석학자인 에리히 프롬이나 오스트리아 태생의 유대 철학자인 마르틴 부버, 독일 태생의 미국 정신분석학자인 에릭 에릭슨의 책 구절을 인용한다. 가끔 인용 구절 뒤에 당신도 같은 생각을 하셨는지 자기 나름의 충고를 주석으로 덧붙이기도 한다. 이럴 때면 나는 그가 진짜 교수임을 깨닫는다.

어느 날 오후, 나는 내 나이가 주는 혼란스러움에 대해 불평을 토로한다. 나에 대한 기대는 이러이러한데 내 자신이 원하는 것은 저러저러하다며 말이다.

"내가 상반됨의 긴장에 대해 말한 적이 있던가?"

교수님이 묻는다.

"상반됨의 긴장이요?"

"인생은 밀고당김의 연속이네. 자넨 이것이 되고 싶지만, 다른 것을 해야만 하지. 이런 것이 자네 마음을 상하게 하지만, 상처받지 말아야 한다는 것을 자넨 너무나 잘 알아. 또 어떤 것들은 당연하게 받아들이네. 그걸 당연시하면 안 된다는 사실을 알면서도 말야."

"상반됨의 긴장은 팽팽하게 당긴 고무줄과 비슷해. 그리고 우리 대부분은 그 중간에서 살지."

"무슨 레슬링 경기 같네요."

"레슬링 경기라. 그래. 인생을 그런 식으로 묘사해도 좋겠지."

교수님은 웃음을 터뜨린다.

"어느 쪽이 이기나요?"

난 어린 학생처럼 묻는다.

그는 내게 미소짓는다. 그 주름진 눈과 약간 굽은 이를 하고서.

"사랑이 이기지. 언제나 사랑이 이긴다네."

신문사 파업과 또다른 시작

몇 주일 후 런던으로 날아갔다. 세계적인 테니스 대회 윔블던 테니스 대회를 취재하기 위해서였다. 취재하는 여러 행사 가운데 관중이 야유를 보내지 않고, 또 주차장에 취객이 없는 행사는 이 윔블던 대회를 제외하면 거의 없다시피 했다.

영국은 따뜻하고 구름이 잔뜩 끼어 있었다. 매일 아침 나는 가로수가 줄지어 선 거리를 지나 테니스 코트로 갔다. 남는 좌석표를 사려고 줄지어 선 10대들과 딸기와 생크림을 파는 노점상들이 많이 몰려 있었다. 경기장 정문 밖에는 신문 가판대가 있었는데, 대여섯 종의 타블로이드판 영국 신문들을 팔고 있었다. 타블로이드판 신문에는 가슴을 내놓은 여자들 사진이 실리는가 하면, 유명 인사를 쫓아다니는 프리랜서 사진가 파파라치가 찍은 영국 왕실 가족의 사진도 있었다. 또 운세와 스포츠, 복권 당첨 번호에 곁들여 진짜 뉴스도 아주 조금 실려 있었다. 신문더미에 기대놓은 작은 칠판에는 그날의 신문 머릿기사가 적혀 있었다. 타블로이드판 신문 머릿기사는 보통 "다이애나, 찰스와 싸움중!" "가자(영국 프로 축구팀의 유명 선수의 별명), 팀에 수백만 파운드 요구!" 따위였다.

사람들은 이런 타블로이드판 신문을 몇 가지 정도 산 후 가십거리들을 탐독했다. 전에 영국에 왔을 때 나도 늘 그랬다. 하지만 이번엔 무슨 이유 때문인지 말도 안 되는 기사나 쓸데 없는 기사들을 읽을 때마다 나도 모르게 모리 선생님 생각이 났다. 단풍나무가 줄지어 서 있고 참나무 마루가 깔린 집에 앉아 숨쉬기를 하면서 그 수를 헤아리고, 매순간 사랑하는 사람들과 함께하는 그분이 떠올랐다. 반면에 나는 완전히 무의미한 것들에 많은 시간을 허비했던 것이다. 영화배우나 슈퍼모델, 다이애너비, 마돈나, 존 에프 케네디 주니어에 관한 최근 소문들에 매달려 지냈다.

그에게 남은 시간이 점점 줄어든다는 것이 슬프면서도 묘하게 선생님이 보내는 질 높은 시간들이 부러웠다. 우리는 왜 그렇게 쓸데없는 짓을 할까? 미국에서는 O.J. 심슨의 재판으로 떠들썩했고, 사람들은 점심 시간 전부를 재판을 지켜보는 데다 써버렸고 그것으로도 모자라서 보지 못한 부분은 밤에 집에서 보려고 녹화해두곤 했다. 그들은 O.J. 심슨과 아는 사이가 아니었다. 이번 사건에 연루된 사람들 중 아는 사람은 한 사람도 없었다. 그런데도 나들 몇 날, 며칠, 몇 주일을 다른 사람들의 드라마에 빠져 살았다.

지난 번 찾아갔을 때 모리 선생님이 한 말이 생각났다.

"우리의 문화는 우리 인간들이 행복감을 느끼지 못하게 하네. 그러니 그 문화가 제대로 된 문화라는 생각이 들지 않으면 굳이 그것을 따르려고 애쓰지 말게."

당신의 말씀대로 선생님은 자신만의 문화를 창조했다. 병이 나기 훨씬 오래 전부터. 즉 여러 개의 토론 그룹을 운영했고, 친구들과 산책을 했으며, 하버드 스퀘어 교회에서 음악에 맞춰 춤을 추었다. 또 그는 가난한 사람들이 정신 치료를 받을 수 있도록 '그린하우스'라는 프로젝트도 시작했다. 그리고 강의를 위해 새로운 아이디어를 찾으려고 책을 읽었고, 동료들을 방문했으며, 졸업생들과 계속해서 연락을 취했고, 멀리 떨어져 있는 친구들에게는 편지를 썼다. 선생님은 먹고 자연을 감상하는 데 더 많은 시간을 할애했지, 텔레비전의 시트콤이나 '주말의 명화'를 보느라 시간을 낭비하지는 않았다. 그는 '대화와 교류, 애정'이라는 인간 활동의 실을 잣는 사람이었고, 따라서 그런 활동들이 국 그릇 넘치듯 그의 삶에 철철 넘쳐흘렀다.

나 역시 '일'이라는 내 나름의 문화를 꾸려왔다. 영국에 갔을 때는 너댓 군데의 언론사 일을 하느라 어릿광대 공 던지듯

이리저리 정신없이 쏘다녔다. 하루에 8시간씩 컴퓨터 앞에서 보내며 미국에 기사를 공급했다. 그 다음에는 텔레비전 방송 일을 하느라, 촬영팀과 함께 런던 지역을 돌아다녔다. 또 매일 아침과 오후에는 라디오 프로그램의 전화 리포터로서 일했다. 이러한 일들이 내게는 지극히 일상적인 일정이었다. 오랜 세월, 난 일을 친구삼아 그 외의 것은 모두 한쪽으로 밀어두고 살았다.

윔블던에서 나는 작은 나무로 된 도서관의 개인 열람석처럼 생긴 좁은 부스에서 일을 하기도 하고 식사를 하기도 했는데, 그러한 것에 대해서 아무런 불만도 없었다. 어느 특별히 정신 없던 날, 기자들이 떼를 지어 안드레 아가시와 그의 유명한 여자친구 브룩 쉴즈를 쫓아다니는 통에, 난 그만 어느 영국 사진기자에게 떠밀려 넘어지고 말았다. 커다란 렌즈들을 목에 건 그는 "미안하다"는 말도 없이 저쪽으로 달려가 버렸다. 그때 모리 선생님이 내게 해줬던 말이 갑자기 생각났다.

"의미 없는 생활을 하느라 바삐 뛰어다니는 사람들이 너무도 많아. 자기들이 중요하다고 생각하는 일을 하느라 분주할 때조차도 반은 자고 있는 것 같다구. 그것은 그들이 엉뚱한 것을 쫓고 있기 때문이지. 자기의 인생을 의미 있게 살려면 자기를 사랑해주는 사람들을 위해 바쳐야 하네. 자기가 속한 공동체에 헌신하고, 자신에게 생의 의미와 목적을 주는 일을 창조하는 데 헌신해야 하네."

그 순간 나는 그의 말이 옳다는 것을 깨달았다.

다만 알면서도 그렇게 하지 못했을 뿐이었다.

윔블던 테니스 대회가 끝나자—그 기간을 버텨내느라 마신 커피가 얼마나 되는지 헤아릴 수 없을 정도였다—컴퓨터를 끄고 일하던 그 좁은 부스를 정리했다. 그리곤 짐을 싸러 아파트로 갔다. 늦은 시간이었다. "지지지직…" 하는 소리와 함께 텔레비전 화면에는 뿌연 색깔만 나타났다.

디트로이트로 날아갔다. 오후 늦게 도착해서 지친 몸을 끌고 집으로 가서 잤다. 깨보니 놀라운 소식이 기다리고 있었다. 내가 일하는 신문사의 노동 조합이 파업을 벌이고 있다는 소식이었다. 신문사는 폐쇄되었다. 신문사 정문에는 피켓을 든 데모대가 진을 쳤고, 또 데모대는 구호를 외치며 거리에서 시위를 벌였다. 노동 조합원인 나로서는 선택의 여지가 없었다. 갑자기 그리고 평생 처음으로 일손을 놓게 되었다. 처음으로 급여도 받지 못하게 되었고, 또 처음으로 나를 고용한 사람들과 맞서게 되었다. 노동 조합 간부들이 우리집으로 전화를 해서는 전에 일했던 편집인들과 접촉하지 말라고 경고했다. 편집인 중 여럿은 나와 절친한 친구 사이였는데, 노동 조합측에서는 그들이 사정 얘기를 늘어놓으려고 하면 즉시 전화를 끊어버리라고 했다. 그리곤 "우린 승리할 때까지 싸울 겁니다!"라고 노조 간부들은 군인처럼 맹세했다.

혼란스럽고 심란했다. 텔레비전과 라디오 일이 꽤 많았지만, 신문사 일은 내겐 생명줄과도 같았다. 산소 같은 존재였다. 매일 아침 신문에 실린 내 기사를 보면서, 난 살아있음을 확인했다.

한데 어느 날 갑자기 그러한 일들이 사라져버렸다. 그리고 하루, 이틀, 사흘… 파업이 계속되면서 걱정스런 전화들이 왔고, 몇 달이고 이런 상태가 계속되리라는 소문들이 떠돌았다. 내가 당연히 여겼던 모든 것들이 전부 엉망진창이 되어 버렸다. 파업이 아니었으면 당연히 내가 기사를 썼을 스포츠 행사가 매일 밤 벌어졌다. 하지만 그 시간 난 집에서 텔레비전으로 그 경기를 그냥 구경하기만 했다. 독자에게 내 칼럼이 없으면 안 된다고 생각했는데…. 나 없이도 세상은 잘도 돌아간다는 사실에 난 그만 경악해버렸다.

이렇게 1주일이 흐른 후, 전화기를 들고 모리 선생님댁의 전화번호를 눌렀다. 코니가 선생님을 바꿔주었다.

"날 만나러 올 거지."

선생님이 물었다. 그건 질문이 아니라 숫제 포고였다.

'글쎄… 가볼 수 있을까?'

"화요일은 어떤가?"

"화요일이면 좋습니다. 화요일, 그렇게 하죠."

미치의 꿈

대학 2학년. 나는 모리 교수님의 강좌 두 과목을 더 듣는다. 우리는 강의 시간에만 만나는 것이 아니라, 좀더 깊은 이야기를 나누려고 가끔 만난다. 친척 이외의 다른 어른과 그래본 적이 없지만, 모리 교수님과 함께 있으면 왠지 마음이 편안하다. 그리고 교수님도 그런 시간을 편안해 하는 것 같다.

"오늘은 어디로 갈까?"

연구실에 들어서면 교수님은 이렇게 묻곤 한다.

봄이면 사회학과 건물 앞에 있는 나무 밑에 자리잡고, 겨울이면 교수님 책상 옆에 앉아 이야기를 나눈다. 나는 회색 운동복 상의와 아디다스 운동화 차림이고, 모리 교수님은 코르덴 바지와 캐주얼 구두 차림이다.

교수님은 두서없는 내 얘기를 들어준 다음, 삶의 교훈 같은 것을 주려고 애를 쓴다. 캠퍼스에 팽배한 견해와는 반대로, 그는 돈이 가장 중요한 것은 아니라고 충고한다. 또 교수님은 내가 '인간답기'를 바란다고 말씀하신다. 젊음의 자기 소외감과 나를 둘러싼 사회와의 '연계'가 얼마나 필요한지에 대해 말한다. 이런 얘기 중에는 내가 알아듣는 내용도 있고 알아듣지 못

하는 내용도 있다. 하지만 상관없다. 토론을 하면서 나는 교수
님에게 말할 기회를 얻을 수 있으므로. 이때 내 진짜 아버지와
는 나눌 수 없는 부자관계 같은 대화를 한다. 내가 변호사가
되기를 간절히 고대하는 내 진짜 아버지와는 도저히 나눌 수
없는 이야기를. 모리 교수님은 변호사를 싫어한다.

"대학을 졸업하면 무슨 일을 하고 싶지?"

"연주가가 되고 싶습니다. 피아노를 치거든요."

"와. 근사한데. 하지만 많이 힘들 거야."

"네."

"세상에는 늑대 같은 놈들이 득실대네."

'아니? 교수님이 그런 말을 하다니.'

"하지만 진정으로 바란다면, 자넨 꿈을 이룰 거야."

선생님을 끌어안으며 그렇게 말해줘서 고맙다고 말하고 싶
지만, 난 그렇게 열린 사람이 못 된다. 그래서 그저 감사하다
는 표시로 목례만 할 뿐.

"자네는 정력을 다해서 피아노를 칠 거야."

그분이 말한다.

난 소리내어 웃는다.

"정력을 다해서요?"

선생님도 소리내어 웃는다.

"정력. 왜 그러나? 요즘은 그런 말 안 쓰나?"

세상

첫번째 화요일

코니가 문을 열어주며 나를 안으로 안내했다. 선생님은 휠체어에 앉은 채 부엌 식탁 옆에 있었다. 헐렁한 면 셔츠와 훨씬 더 헐렁한 검정색 운동복 차림을 하고서. 다리가 위축되어 가장 작은 사이즈를 입어도 바지가 헐렁하다. 양손으로 허벅지를 감싸면 손가락 끝이 딱 만날 정도로 다리가 가늘어졌다. 그가 일어설 수 있다면 키가 150센티미터를 넘지 않을 터이므로, 아마 6학년짜리 청바지나 입으면 맞을까.

"먹을 걸 가져왔습니다."

나는 갈색 봉투를 들어올려 보이며 말했다. 공항에서 선생님댁으로 오는 길에 근처 슈퍼마켓에 들러서, 칠면조 고기와 감자 샐러드, 마카로니 샐러드, 베이글빵(도넛형의 딱딱한 롤빵)을 조금 샀다. 선생님댁에 음식이 많다는 것은 알고 있었지만, 뭔가 보태드리고 싶었다. 달리 모리 교수님을 도울 길이 없었으므로. 그래서 선생님이 드시기 좋아한다는 사실을 떠올렸다.

"야, 음식이 많구만! 좋았어. 나랑 같이 들자구."

그는 노래하듯 말했다.

우리는 버드나무 의자가 놓인 식탁에 앉았다. 이번에는 16년 동안 밀린 이야기를 할 필요없이, 곧장 대학 시절과 같은 대화로 들어갔다. 선생님은 질문한 다음 내 대답을 듣고, 내가 잊었거나 깨닫지 못한 대목에서는 주방장처럼 조미료를 탁탁 쳤다. 모리 선생님은 신문사 파업에 대해 물었고, 언제나처럼 양쪽이 서로 쉽게 대화로 문제를 풀어가지 못하는 것을 이해하지 못했다. 나는 모든 사람이 선생님처럼 똑똑한 것은 아니라고 말했다.

이야기 중간 중간 선생님이 화장실에 가야 했으므로 자연히 대화가 끊길 수밖에 없었다. 시간이 좀 걸렸다. 코니는 휠체어를 화장실로 밀고가서, 선생님을 휠체어에서 일으켜 변기에 앉힌 후 소변을 보는 동안 몸을 붙잡아드렸다. 볼일을 보고 돌아올 때마다 선생님은 무척 피곤해보였다.

"내가 테드 코펠에게 이제 곧 누군가 내 엉덩이를 닦아줘야 할 때가 올 거라고 말했던 걸 기억하나?"

그가 물었다.

나는 소리내어 웃었다. 그리곤 "그런 말을 듣고 잊을 사람이 어디 있겠어요"라고 말했다.

"내 생각엔 그날이 오고 있는 것 같아. 그게 마음에 걸린단 말야."

"왜요?"

"그것은 내가 타인에게 완전히 의존한다는 신호니까. 다른 사람이 내 엉덩이를 닦아준다! 하지만 난 잘해낼 거야. 그 과정을 즐기려고 노력할 거야."

"즐겨요?"

"그래. 결국 한 번 더 애기가 되는 거잖나."

"상황을 독특한 시각으로 보시는군요."

"글쎄. 지금은 인생을 독특하게 볼 수밖에 없지. 그런 사실에 당당히 맞서자구. 난 쇼핑을 하러 갈 수도 없고, 은행 계좌를 관리할 수도 없고, 쓰레기를 버리러 나갈 수도 없어. 하지만 여기 앉아서 한가한 나날을 보내며, 인생에서 중요하다고 생각되는 것들을 지켜볼 수는 있어. 난 그럴 수 있는 시간과 이유를 둘 다 가지고 있잖나."

"그럼 인생의 의미를 찾는 열쇠는 쓰레기를 버리러 나가는 것을 그만두는 것이군요?"

나는 나도 모르게 반사적으로 시니컬하게 대꾸했다.

선생님은 소리내어 웃었고, 난 그런 반응에 안도했다.

코니가 접시를 치우자, 내가 오기 전 선생님이 읽고 있었을 듯한 신문더미가 눈에 들어왔다.

"계속 뉴스를 들으실 마음이 있으세요?"

내가 물었다.

"그럼. 그게 이상하다고 생각되나? 내가 죽어간다고 해서 세상에 무슨 일이 일어나는지 관심없으리라 생각하나?"

선생님이 물으셨다.

"그럴 수도 있겠죠."

그는 한숨을 내쉰다.

"어쩌면 자네 생각이 옳을 거야. 신경쓰지 말아야겠지. 결국 나는 모든 것이 어떻게 될지 끝까지 보지도 못할 테니까."

"정말 죄송해요. 그런 뜻은 아니었는데."

당황한 나는 사과의 말을 한다.

"괜찮네. 하지만 좀 설명하기가 어렵군. 내가 고통을 당하고 보니, 이전보다 고통을 겪는 사람들이 더 가깝게 느껴지는 거야. 저번 날 밤에는 텔레비전에서 보스니아인들이 거리를 달려가다가 총맞아 죽는 것을 봤어. 아무 죄도 없는 희생자들이 었어…. 울음이 터져나오기 시작하더군. 바로 내가 당한 일처럼 그들의 분노가 느껴졌어. 물론 나랑은 모르는 사람들이지만. 이런 기분을 어떻게 설명해야 좋을까? 하지만 난… 그런 사람들에게 빠져 있다구."

그의 눈가가 촉촉해지자 나는 화제를 바꾸려 애를 썼다. 하지만 선생님은 눈가의 물기를 찍어내며 손을 내저었다.

"요즘은 늘 이렇게 운다니까. 마음쓰지 말게."

놀랍다는 생각이 들었다. 난 언론계에서 일했다. 그래서 사람들이 죽는 현장에 관한 기사를 많이 다루었다. 슬퍼하는 유가족들을 인터뷰하기도 했다. 심지어 장례식에도 참석했다. 그러면서도 한번도 울어본 적은 없었다. 그런데 모리 선생님은 지구 반대쪽에서 고통당하는 사람들 때문에 울고 있었다. '나도 삶이 끝날 때는 이렇게 될까?' 무척 궁금했다. '죽음이 커다란 파장을 만들어, 마침내 타인끼리 서로를 위해 눈물을 뿌리게 만들 수 있을까?'

모리 선생님은 휴지에 코를 힘껏 풀었다.

"이래도 괜찮겠지? 남자가 운다고 해도 전혀 이상하지 않지?"

"그럼요."

당황한 나머지 난 황망히 대답해버렸다.

선생님은 '씩' 웃었다.

"미치. 언젠가 내가 자네 마음을 느슨하게 해줄 거야. 어느 날인가 자네에게 울어도 괜찮다는 것을 가르쳐줄 걸세."

"네, 그러세요."

20년 전에도 모리 선생님이 한 말이었기에 우리는 소리내어 웃었다. 화요일이면 늘 그런 말을 했다. 사실 화요일이면 우리는 늘 함께 시간을 보냈었다. 내가 수강하는 모리 교수님의 강의 대부분이 화요일에 있어서, 그는 화요일이면 연구실을 지켰다. 그리고 내가 졸업 논문을 쓸 때는—그 논문은 시작부터 모리 선생님의 강력한 제의로 진척되었다—화요일마다 선생님의 책상이나 카페테리아, 펄먼 홀 계단에 나란히 앉아서 작업을 하곤 했다.

그러니 우리가 단풍나무가 있는 집에서 다시 화요일마다 만나는 것은 잘 어울릴 뿐만 아니라, 어떤 운명처럼 느껴졌다. 만남을 계속할 마음의 준비가 되자 나는 선생님께 이야기를 꺼냈다.

"우린 화요일의 사람들이군."

그가 말했다.

"화요일의 사람들이죠."

나도 똑같이 말했다.

모리 선생님은 미소지었다.

"미치, 알지도 못하는 사람들이 마음에 걸리느냐고 물었지. 하지만 내가 이 병을 앓으며 배운 가장 큰 것을 말해줄까?"

"뭐죠?"

"사랑을 나눠주는 법과 사랑을 받아들이는 법을 배우는 것이 인생에서 가장 중요하다는 거야."

그의 목소리는 소근거리는 듯 낮아졌다.

"사랑을 받아들이라구. 우리 모두는 '난 사랑받을 만한 자격이 없어'라고 생각하지. 또 사랑을 받아들이면 너무 약한 사람이 될 거라고 생각하지. 하지만 레빈(생활 속의 진리를 전하는 명상 철학자이자 시인. 《누가 죽는가?》, 《삶과 죽음으로의 치료》라는 저서가 있다)이란 현명한 사람이 제대로 지적했네. '사랑이야말로 유일하게 이성적인 행동이다'라고 말야."

내가 착한 학생처럼 고개를 끄덕이자, 선생님은 힘없이 숨을 내쉬었다. 나는 몸을 숙여서 선생님을 껴안았다. 그리고 나서 마치 딴 사람이라도 된 듯 그의 뺨에 입을 맞췄다. 내 양팔을 붙잡는 힘없는 손길이 느껴졌다. 그리고 내 얼굴을 부비는 선생님의 수염 자국도 느껴졌다.

"그러니까 다음 화요일에 다시 온단 말이지?"

선생님이 속삭였다.

침묵과 인간관계

교수님은 강의실에 들어와 앉더니 아무 말도 하지 않는다. 그
는 우리를 쳐다보고 우리도 그를 바라본다. 처음에는 약간의
키득거림이 터져나오지만 모리 교수님은 어깨만 으쓱할 뿐.
그래서 강의실에는 다시 깊은 침묵이 흐르고 아주 작은 소리도
감지되기 시작한다. 강의실 구석에 있는 라디에이터의 웅웅대
는 소리나 뚱보 학생의 코로 숨쉬는 소리 같은 것들이 들린다.

우리 가운데 몇몇은 안절부절못한다. 언제 교수님이 말씀하
시려나? 우리는 어쩔 줄 몰라 하며 시계를 쳐다본다. 또 몇 명
은 모르는 체하려고 창 밖을 내다본다. 이런 상황이 15분 넘게
계속되다 마침내 모리 교수님의 속삭이는 듯한 목소리로 인해
서 정적이 깨진다.

"지금 이 강의실에서 무슨 일이 일어나고 있습니까?"

교수님이 묻는다.

그리고 교수님이 바라던 대로 천천히 침묵이 인간관계에 미
치는 영향에 대한 토론이 시작된다.

왜 우리는 침묵에 당황스러워하는 걸까? 소음에서 우리는
어떤 편안함을 느끼는가?

나는 침묵이 불편하지 않다. 때론 친구들과 시끄럽게 떠들곤 하지만, 그래도 다른 사람들 앞에서 이야기하는 게 불편하다. 특히 학교 친구들 앞에서는 더욱. 나는 강의에 침묵이 필요하다면 몇 시간이고 말을 하지 않고 앉아 있을 수 있다.

　강의실을 나가는 데 모리 교수님이 날 불러세운다.

　"오늘, 말을 별로 하지 않더군."

　교수님이 말한다.

　"전 잘 모르겠는데요. 달리 덧붙일 말이 없었을 뿐인데…."

　"덧붙일 말이 많을 걸로 생각되는데. 솔직히, 미치 자넬 보면 젊었을 때 여러 가지 생각들을 혼자 싸안고 있길 좋아했던 어떤 사람이 떠오른다네."

　"누군데요?"

　"나."

자기 연민

두 번째 화요일

나는 다음 주 화요일에 다시 갔다. 그리고 이후로도 여러 차례 화요일마다 선생님댁으로 갔다. 다른 사람은 상상할 수 없을 정도로 선생님을 만나는 데 큰 기대를 가졌다. 죽어가는 사람 곁에 앉아 있으려고 1,100킬로미터 이상을 날아간 것을 보면 짐작되겠지만. 모리 선생님을 만나러 갈 때면 시간이 정지된 속으로 들어가는 기분이었고, 그 자리에 있을 때면 내 자신이 훨씬 마음에 들었다. 이제는 더 이상 공항에서 차를 타고 가면서 쓸 핸드폰을 빌리지 않았다. "나랑 통화하고 싶은 사람은 기다리라고 해!" 모리 선생님 흉내를 내며 이렇게 중얼거리곤 했다.

디트로이트의 신문사 사정은 조금도 나아지지 않았다. 사실 쟁의는 점점 더 광풍에 휩싸이게 되어, 피켓을 든 데모대와 대체 근로자들 사이에 극심한 대치 상황이 벌어졌고, 사람들이

체포되거나 얻어맞고, 신문 배달 트럭 앞에 드러눕는 사태들이 벌어졌다.

그러나 모리 선생님을 만나면 그의 빛에 의해 깨끗이 정화되는 느낌을 받았다. 우리는 인생을 이야기했고, 사랑을 이야기했다. 선생님이 가장 좋아하는 주제 가운데 하나인 동정심에 대해서도 이야기를 나누었다. 그리고 우리 사회에 왜 그렇게 동정심이 부족한지에 대해서도 의견을 나누었다.

세 번째 방문에 앞서, '빵과 서커스'라는 가게에 들러서—선생님댁에서 그곳 봉투를 본 적이 있어서 선생님이 거기서 파는 음식을 좋아하실 거라고 짐작하고—플라스틱 통에다가 야채를 곁들인 버미셀리(스파게티보다 가는 이탈리아 국수), 당근수프, 바클라바(터키, 그리스 등지에서 만드는 과자. 얇은 밀가루 반죽 사이 사이에 호두, 밤, 아몬드나 향신료 등을 넣어 구운 후 시럽을 뿌려 먹는다) 같은 신선한 음식들을 잔뜩 샀다.

그리곤 선생님의 서재에 들어서자마자 은행을 털어 온 사람처럼 봉지를 높이 쳐들고 큰소리로 외쳤다.

"음식 배달왔습니다!"

그러면 선생님은 눈동자를 굴리며 미소지었다.

한편 나는 병이 얼마나 진전됐는지 살펴보았다.

그는 연필로 글씨를 쓰거나 안경을 끌어올릴 만큼은 손가락을 움직였지만, 가슴 위로는 팔을 들지 못했다.

부엌이나 거실에서 보내는 시간이 점점 줄어들고, 대신 서재에서 보내는 시간들이 점점 많아졌다. 선생님은 서재에서 등을 뒤로 많이 젖힐 수 있는 큼지막한 의자에 앉아 지냈다. 베개를 받치고 담요를 덮고 메마른 다리를 좀더 편안히 해주는 고무 받침대에 다리를 올려놓았다.

선생님 곁에는 종을 두고 몸을 다시 움직여야 될 때나 선생님 말마따나 '볼일 보러' 가야 될 때는 그것을 울리곤 했다. 그러면 코니나 토니, 버사, 에이미 등 집에서 그를 도와주는 소부대가 서재로 들어오곤 했다. 때로 선생님은 종을 들기도 어려워, 제대로 종소리가 나지 않으면 당황해 하곤 했다.

나는 선생님에게 자기 연민을 느끼는지 물었다.

"이따금, 아침이면 그렇다네. 바로 그 시간에 슬픈 생각이 드네. 그러면 아직도 움직일 수 있는 내 몸의 부분들을 만져보고, 손가락과 손을 움직여보고, 잃은 것들에 대해 슬퍼하지. 천천히 내가 죽어가고 있는 것을 슬퍼한다네. 하지만 그런 다음에는 슬퍼하는 것을 멈추네."

"어떻게요?"

"필요하면 한바탕 시원하게 울지. 하지만 그 다음에는 내 인생에서 여전히 좋은 것들에만 온 정신을 집중하네. 나를 만나러 와줄 사람들에 대해. 그리고 내가 들을 이야기에 대해. 그리고 만약 그날이 화요일이라면, 미치 자네에 대해. 왜냐면 우린 화요일의 사람들이니까."

나는 씩 웃었다. '화요일의 사람들.'

"미치, 난 그 이상 자기 연민에 빠지진 않는다네. 아침마다 조금씩 그런 기분을 느끼고 눈물도 흘리지만 그걸로 끝이야."

깨어 있는 시간 내내 자기 연민에 빠져 사는 사람들이 떠올랐다. 내가 아는 사람 대부분이 그랬다. 하루에 자기 연민을 느끼는 시간을 정해두면 얼마나 유용할까. 몇 분만 눈물을 흘리고 그날의 나머지는 즐겁게 산다면. 무서운 병을 앓는 선생님도 그렇게 하고 계신데….

"내 몸이 천천히 시들어가다가 흙으로 변하는 것을 보는 것은 끔찍하기 짝이 없지. 하지만 작별 인사를 할 시간을 갖게 되니 한편으로는 멋진 일이기도 해."

그분은 미소지으며 덧붙였다.

"누구나 그렇게 운이 좋은 것은 아니거든."

나는 의자에 앉은 선생님을 찬찬히 살펴보았다. 설 수도 없고, 씻을 수도 없고, 바지를 올릴 수도 없는데. 그런데도 운이 좋다고? 정말로 운이 좋다고 말하는 건가?

선생님이 화장실에 가고 없는 동안, 의자 곁에 놓인 보스턴 지방지를 훑어보았다. 목재를 생산하는 작은 마을에서

10대 소녀 둘이 자기들을 도와주었던 73살의 노인을 괴롭히다 죽인 사건에 대한 기사가 실려 있었다. 소녀들은 노인이 살던 트레일러에서 파티를 열고 친구들에게 시체를 자랑했다고 했다. 또 동성애자가 텔레비전 토크 쇼에 나와서 홀딱 반했다고 밝혔던 상대가 그 동성애자를 살해한 이야기도 있었다.

나는 보던 신문을 치웠다. 선생님은 휠체어를 타고, 언제나처럼 웃으며 들어왔다. 코니가 그를 휠체어에서 의자로 옮기려 했다.

"제가 해드릴까요?"

내가 물었다.

잠시 침묵이 흘렀다. 내가 왜 그런 제의를 했는지 모르겠지만, 선생님은 코니를 쳐다보며 말했다.

"코니, 이 친구에게 방법을 가르쳐주겠소?"

"그러죠."

코니가 대답했다.

나는 그녀의 지시에 따라 몸을 숙이고, 양팔을 선생님의 겨드랑이에 낀 다음 몸을 끌어당겼다. 땅 밑에서 커다란 나무를 빼내는 것처럼. 그런 다음 허리를 펴면서 선생님을 천천히 들어올렸다. 보통 다른 사람을 들 경우, 들려지는 사람이 드는 사람을 두 팔에 힘을 주어 꽉 붙잡는 것이 보통이다. 하지만 선생님은 팔에 힘을 줄 수가 없었다.

그는 생명없는 무거운 물건 같았고, 그의 머리가 어깨에 가볍게 부딪쳐올 때 그의 몸이 커다란 빵덩이처럼 처지는 것이 느껴졌다.

"아이구."

그는 나직이 신음 소리를 내뱉었다.

"자, 다 됐어요. 다 됐다구요."

그렇게 그를 껴안는 것은 뭐라 정확히 설명할 순 없지만 마음에 깊은 감동을 주었다. 줄어드는 몸 안에서 죽음의 씨가 느껴졌다고나 할까.

선생님을 의자에 앉히고 머리에 베개를 괴드리면서, 나는 점점 우리의 시간들이 줄어들고 있다는 냉엄한 현실을 깨달았다.

그러니 뭔가 해야 했다.

'감정 자극' 강좌

1978년 대학 3학년. 디스코와 영화 록키 시리즈가 문화계를 휩쓸고 있다.

브랜다이스 대학에서는 특별한 사회학 강의가 벌어지고 있다. 모리 교수님이 소위 '그룹 과정'이라고 부르는 형태의 수업이 바로 그것이다. 매주 우리는 같은 그룹 학생들이 서로 상호작용을 하는 방식과 그들이 분노와 질투, 관심에 어떻게 반응하는지 공부한다.

우리는 인간 실험 쥐들이라 할 수 있다. 가끔 누군가 우는 것으로 끝나기도 한다. 나는 이것을 '감정 자극' 강좌라고 부른다. 교수님은 내가 더 마음을 열어야 한다고 말한다.

이날, 모리 교수님은 시도해볼 실험이 있다고 말한다. 그것은 둘씩 짝을 지은 후, 한 사람이 뒤로 돌아서서 다른 학생이 잡아주리라 믿고 뒤로 넘어지는 실험이다.

우리 대부분은 뒤로 넘어지는 것이 거북하다. 그래서 겨우 몇 인치 뒤로 넘어지다가 멈춰버린다. 그리곤 당황해서 웃음을 터뜨린다.

마침내 한 학생이 나선다. 날씬하고 말수가 적은 검은 머리의 여학생인데, 언제나 큼직한 흰색 스웨터를 입고 다닌다. 그녀는 양팔을 엑스 자로 가슴에 모으고 눈을 감는다. 그리고 립턴차 광고에서 모델이 수영장에서 물 속으로 뒤로 빠지는 것처럼 움찔하지 않고 뒤로 자연스럽게 넘어진다.

그 순간, 나는 그녀가 바닥에 "꽝!" 하고 자빠질 것이라고 생각한다. 그러나 바닥에 "꽝!" 하고 부딪치려는 순간, 짝이 그녀의 머리와 어깨를 위로 확 잡아일으킨다.

"와!"

학생 몇이 탄성을 지른다. 또 몇 명은 손뼉을 치기도 한다.

마침내 선생님은 미소를 짓는다.

선생님은 그 여학생을 보면서 말한다.

"봤지요, 이 학생은 눈을 감았어요. 그게 여러분과 다른 점이었어요. 눈에 보이는 것을 믿을 수 없을 때, 느껴지는 것을 믿어야 합니다. 그리고 다른 사람들이 여러분을 믿게 만들려면, 여러분 역시 그들을 믿고 있음을 느껴야 합니다. 여러분이 어둠 속에 있을 때조차도 말입니다. 여러분이 뒤로 넘어지고 있을 때에도…."

후회
세 번째 화요일

다음 주 화요일, 또 음식이 든 봉지를 들고 선생님댁에 들어섰다. 옥수수를 넣은 파스타와 감자 샐러드, 사과 파이, 이런 것들을 들고서. 그리고 이번에는 다른 물건이 한 가지 더 있었다. 소니 녹음기.

"선생님, 우리가 나누었던 이야기들을 영원히 잊고 싶지 않아요."

난 조심스럽게 모리 선생님께 말을 꺼냈다.

"나중에도 들을 수 있게 선생님의 목소리를 녹음해두고 싶어서…."

"내가 죽으면 말이지."

"그런 말씀하지 마세요."

선생님은 소리내어 웃은 후, 말했다.

"미치, 난 죽을 거야. 그것도 오래지 않아서."

선생님은 새로 가져온 기계를 찬찬히 살폈다. 그리곤 "아주 크구만" 하고 말했다.

기자 생활을 하다 보면 가끔 침입자가 된 기분을 느끼는데, 이때가 꼭 그런 느낌이었다.

친구끼리 하는 이야기를 녹음하는 게 왠지 인위적인 귀를 둘 사이에 두는 것 같다는 생각이 들기 시작했다.

안 그래도 선생님에게 시간을 내달라고 요구하는 사람들이 많은데, 이렇게 화요일마다 찾아와서 너무 많은 것을 얻어가는 듯했다.

나는 녹음기를 봉지에 다시 집어넣으며 말했다.

"선생님. 이걸 사용하면 안 될 것 같아요. 녹음기 때문에 선생님 마음이 불편하시면…."

모리 선생님은 손을 흔들어 내 말을 막았다. 그리고 콧잔등에 걸린 안경을 벗어서 목에 걸린 줄에 걸었다. 그는 나를 똑바로 쳐다보며 말했다.

"그걸 내려놓게."

나는 녹음기를 내려놓았다.

"미치. 자넨 이해하지 못하는군. 난 자네에게 내 인생을 이야기하고 싶어. 내가 더 이상 말을 못하게 되기 전에 자네에게 전부 얘기하고 싶다구."

선생님은 부드럽게 말했다.

곧 그의 목소리는 속삭임으로 변했다.

"누군가 내 이야기를 들어주면 좋겠네. 들어주겠나?"

나는 고개를 끄덕였다.

우리는 한참 동안 말없이 앉아 있었다.

"이제 그 기계를 작동시켰나?"

선생님이 물었다.

사실, 녹음기는 향수 그 이상이 배인 물건이었다. 나는 모리 선생님을 잃고 있었고, 우리 모두 모리를 잃어가고 있었다. 그분의 가족들, 친구들, 졸업생들, 동료 교수들, 선생님이 그토록 좋아했던 정치 토론 그룹 사람들, 전에 함께 춤췄던 파트너들까지도. 사진이나 비디오 테이프처럼 이 녹음 테이프가 죽음의 가방에서 뭔가 훔쳐내려는 필사적인 시도가 되어줄 것 같았다.

하지만 나는 그의 용기와 유머 감각과 인내와 열린 태도를 통해 점점 명확히 알게 되었다. 선생님은 내가 아는 사람들과는 아주 다른 곳에서 인생을 바라보고 있음을. 더 건강한 곳에서. 더 지혜가 넘쳐나는 곳에서. 그리고 우리 선생님은 곧 죽을 것이었다.

신비롭게도 죽음에 당면해서 생각이 투명해지는 것…. 모리 선생님은 그것을 사람들과 나누고 싶어했고, 나는 그런 선생님의 마음을 알았다. 그리고 가능한 한 오래오래 그것을 기억하고 싶었다.

처음 모리 선생님을 '나이트라인'에서 보고 죽음이 임박했음을 알게 된 후, 가장 후회되는 일은 무엇일까가 가장 궁금했다. 잃어버린 친구들이 애석할까? 지금과는 완전히 다른 삶을 살고 싶었을까? 내가 선생님의 입장이라면, 잃어버린 모든 것을 슬퍼하면서 시간을 보냈을까? 감추어온 비밀들이 후회스러울까? 이런 이기적인 궁금증이 일었다.

어느 날 이런 이야기를 털어놓자 그는 고개를 끄덕였다.

"누구나 다 걱정거리는 있게 마련이잖나? 오늘이 지상에서의 마지막 날이 되면 어쩌나? 하고 모두들 걱정하지."

선생님은 그런 말을 하면서 내 얼굴을 살폈고, 아마 내 안에서 모순되는 감정이 교차하고 있음을 알았을 것이다. 그때 나는 어느 날 책상에서 기사를 반쯤 쓰다가 쓰러진다면… 의료진이 나를 들것에 실어가는 순간에도 편집자들이 그 기사를 낚아채가는 장면을 그리고 있었다.

"미치?"

모리 선생님이 부르셨다.

나는 고개를 흔들면서 아무 말도 안 했다. 하지만 그는 내가 머뭇거리는 것을 알았다.

"미치, 우리의 문화는 죽음이 임박할 때까지는 그런 것들을 생각하게 놔두지 않네. 우리는 이기적인 것들에 휩싸여 살고 있어. 경력이라든가 가족, 주택 융자금을 넣을 돈은 충분한가, 새 차를 살 수 있는가, 고장난 난방 장치를 수리할 돈은 있는가 등등. 우린 그냥 생활을 지속시키기 위해 수만 가지 사소한 일들에 휩싸여 살아. 그래서 한 발 뒤로 물러서서 우리의 삶을 관조하며, '이게 다인가? 이게 내가 원하는 것인가? 뭔가 빠진 건 없나?' 하고 돌아보는 습관을 갖지 못하지."

선생님은 잠시 말을 멈추었다.

"누군가 그런 방향으로 이끌어줄 사람이 필요하네. 혼자선 그런 생각을 하며 살기는 힘든 법이거든."

나는 선생님이 무슨 말을 하는지 알았다. 우리 모두 평생의 스승이 필요하다는 것을.

그리고 내 스승은 바로 내 앞에 앉아 계셨다.

좋다. 학생이 되어야 한다면 최대한 노력해서 좋은 학생이 되어야겠다. 난 그렇게 다짐했다.

그날 비행기를 타고 집으로 돌아가면서, 노란 편지지에 우리 모두 해결하려고 노력하는 이슈들과 의문 사항들을 적어내려갔다.

행복, 나이먹는 것, 자식을 갖는 것, 죽음까지. 물론 이런 주제들을 다룬 책은 얼마든지 많았다. 또 케이블 방송의 토크쇼에서도 그런 주제들을 다루었고, 시간당 90달러만 내면 전문가와 면담을 할 수도 있었다. 미국은 그야말로 '자립하는 방법을 파는 시장'이 되어가고 있었다.

하지만 여전히 분명한 해답은 없는 듯했다. 당신은 타인을 배려하는가, 아니면 자신의 '내면의 아이'만 돌보는? 전통적인 가치로 돌아갈 것인가, 아니면 전통을 쓸모없는 것이라고 거부할 것인가? 성공을 추구할 것인가, 아니면 소박한 삶을 추구할 것인가? '안 된다'고 말할 것인가, 아니면 '한번 해보라'라고 할 것인가?

내가 알기론, 내 노은사 모리 선생님은 자립 방법 제공 비즈니스와는 관련이 없었다. 그는 죽음이라는 열차의 기적 소리를 들으면서 철로에 서 있었으며, 인생에서 무엇이 중요한지 분명히 알고 있었다.

난 그런 분명함을 원했다. 내가 아는 한, 혼란과 고통에서 헤매는 영혼은 누구나 그런 분명함을 원했다.

"나한테 뭐든 물어보라구."

모리 선생님은 늘 그렇게 말했다.

그래서 나는 리스트를 만들었다.

- 죽음
- 두려움
- 나이가 든다는 것
- 탐욕
- 결혼
- 가족
- 사회
- 용서
- 의미 있는 삶

8월 말 어느 화요일. 네 번째로 웨스트 뉴턴에 가면서 가방에 이 리스트를 넣어 가지고 갔다.

당시 로건 공항 터미널에는 냉방 장치가 작동되지 않아서, 사람들은 손으로 부채질을 하면서 이마에 흐르는 땀을 신경질적으로 닦아내고 있었다.

모두들 얼굴에 누구라도 죽일 듯한 표정을 짓고 있었다.

첫번째 논문 쓰기

4학년이 시작될 무렵. 지금까지 무척 많은 사회학 강좌를 수강했으므로 몇 학점 따지 않아도 졸업 학점을 채울 수 있다. 모리 교수님은 내게 우수 논문에 도전해보라고 권한다.

"제가요? 뭐에 대해 쓸까요?"

"뭐에 관심이 있는데?"

선생님이 묻는다.

우리는 논문 주제를 놓고 씨름하다가, 마침내 스포츠를 주제로 결정한다.

나는 미국에서 풋볼이 대중에게 어떻게 종교나 마약이라고 할 정도로 큰 영향을 미치는 스포츠가 되었는지에 관해 1년이라는 장기간의 프로젝트를 시작한다. 이것이 내 장래의 경력에 무슨 도움이 될지는 모른다. 그저 이 논문 때문에 모리 교수님과 1주일에 한 번 만나는 기회를 얻는다는 사실만 알 뿐이다.

교수님의 도움을 받으며 드디어 봄 무렵 112페이지짜리 논문을 완성한다. 연구 내용과 각주, 각종 자료가 정리된 논문이 검은 가죽으로 장정되어 나온다. 나는 처음으로 홈런을 친 리

틀 야구단 선수처럼 자랑스럽게 모리 교수님께 논문을 보인다.

"축하하네."

교수님은 말한다.

그가 논문을 넘겨가며 보기 시작하자 나는 씩 웃으면서, 연구실을 둘러본다. 책이 가득한 선반, 참나무 마룻바닥, 융단, 소파. 이 방에서 내가 앉아보지 않은 곳은 아마 없을 거라고 속으로 생각한다.

"모르겠네, 미치. 이런 실력이 있으니, 자네를 대학원 과정에 눌러앉혀야 될 것도 같고…."

선생님은 안경을 고쳐 써가며 논문을 읽으면서 말한다.

"그럼, 그럴까요?"

나는 깔깔거리며 웃었지만, 순간적으로 대학원에 마음이 쏠린다.

한편으로는 학교를 떠나는 것이 두렵기도 하고, 또 마음 한 쪽으로는 졸업하고 싶은 마음이 간절하기도 하다.

또다시 상반됨의 긴장.

나는 논문을 읽는 교수님을 바라보다가, 저 밖에 얼마나 큰 세상이 있을까 궁금해 한다.

코펠의 두 번째 인터뷰

'나이트라인'은 모리 선생님 인터뷰 방송 이후의 이야기를 준비했다. 프로그램에 대한 반응들이 워낙 뜨거웠기 때문이었다.

이번에는 카메라맨과 프로듀서들이 곧장 집으로 들어왔고, 그들은 가족 같은 기분을 느꼈다. 그리고 진행자 코펠도 눈에 띄게 따뜻한 태도를 보였다. 처음처럼 서로의 감정을 탐색하는 과정 따윈 필요없었고 사전 인터뷰도 생략되었다.

우선 분위기를 가볍게 하기 위해 코펠과 모리 선생님은 어린 시절의 이야기를 주고받았다. 코펠은 영국에서 성장한 이야기를 했고, 모리 선생님은 브롱크스에서의 성장 과정을 털어놓았다. 선생님은 긴 팔 파란 셔츠를 입고 있었고(바깥 기온이 32도인데도 늘 한기가 든다고 했으므로), 그 깐깐하기로 유명한 코펠은 재킷을 벗고 셔츠와 타이 차림으로 인터뷰를 했다.

모리 선생님은 한 번에 한 겹씩 껍질을 벗겨내는 것처럼 코펠을 압도해나갔다.

"건강해 보이시는군요."

테이프가 돌아가기 시작하자 코펠이 인사했다.

"모두들 그렇게 말합니다."

모리 선생님이 말했다.

"목소리도 정정하시구요."

"모두들 그렇게 말하더군요."

"그런데 건강이 하향곡선을 긋고 있다는 것은 어떻게 아십니까?"

모리 선생님은 한숨을 쉬었다.

"나 외에는 아무도 알 수 없어요, 테드. 하지만 나는 느낍니다."

그렇게 말할 때, 그의 말이 사실임이 분명해졌다. 그는 첫 인터뷰 때처럼 손을 자유롭게 움직이지 못했다. 그리고 'ㄹ' 발음을 할 때마다 소리가 목에 걸리는 듯 몹시 어려워했다. 몇 달만 지나면, 어쩌면 말을 전혀 못하게 될지도⋯.

"내 감정은 이렇게 움직입니다. 친구나 아는 사람이 찾아와줄 때면 기분이 매우 좋아집니다. 사랑하는 관계가 나를 지탱해주기 때문이죠."

동의한다는 듯 코펠은 고개를 끄덕였다.

"하지만 낙심하는 날도 있습니다. 속이고 싶지 않아요. 병이 진행되고 있음을 깨달으면 더럭 겁이 납니다. 손을 쓰지 못하면 어떻게 하나? 말을 할 수 없게 되면 어쩐다? 오히려 음식물을 삼키지 못하는 것은 그렇게 많이 걱정되진 않아요. 튜브를 통해 음식물을 섭취하면 또 어떻습니까? 하지만 내 목소리는? 내 손은? 그것들은 나의 중요한 일부거든요. 목소리로 말을 합니다. 또 손으로 제스처를 취하구요. 사람들과 손과 말로 마음을 나누는데…."

"더 이상 말을 못하게 되면 어떻게 타인과 마음을 나누시겠습니까?"

코펠이 물었다.

모리 선생님은 어깨를 으쓱했다.

"아마도 사람들에게 '예'나 '아니오'로 답할 수 있게 물어봐 달라고 부탁하겠지요."

너무도 간단한 해답이어서 코펠은 미소짓지 않을 수 없었다. 그는 모리 선생님에게 침묵에 대해 물었다. 코펠은 모리 선생님의 절친한 친구로, 그의 아포리즘을 《보스턴 글로브》지에 보냈던 모리 스타인에 대해 이야기했다. 그들은 60년대부터 쭉 브랜다이스 대학에 함께 일했었다. 이제 스타인 교수는 귀가 들리지 않게 되었다. 코펠은 어느 날 두 사람이 짝이 되는 것을 상상했다. 한 사람은 말할 수 없고 또 한 사람은 들을 수 없으니….

"그렇게 되면 어떻게 될까요?"

"우린 손을 잡을 겁니다. 그리고 우리 사이에는 크나큰 사랑
이 흐를 겁니다. 테드, 우린 35년간 우정을 쌓았어요. 그런 친
구들은 말하지 않아도 듣지 않아도 감정이 통해요."

프로그램이 끝나기 전, 선생님은 최근에 받은 편지 한 통을
코펠에게 읽어주었다.

처음 '나이트라인' 프로그램이 방영된 후, 엄청난 편지가 밀
려들었다. 펜실베이니아에서 어린이 9명으로 이루어진 특수
학급을 가르치는 선생님이 아주 특별한 내용의 편지를 보내왔
다. 그 학급 어린이들은 모두 한쪽 부모를 잃은 아이들이었다.

"그래서 내가 그 선생님에게 이런 답장을 해주었습니다."

모리 선생님은 천천히 코와 귀에 안경을 걸치면서 말했다.

"친애하는 바바라… 귀하의 편지에 깊은 감동을 받았습니
다. 선생님이 한쪽 부모를 잃은 아이들과 해온 일들이 매우 소
중하게 느껴집니다. 나 또한 어린 나이에 한쪽 부모를 잃었답
니다…."

카메라가 계속 돌아가고 있는데, 갑자기 선생님은 안경을
고쳐썼다.

그는 말을 멈추고 입술을 깨물었다. 목이 메이기 시작했다.
눈물이 흘러내렸다.

"어릴 때 어머니를 잃었는데… 내게는 타격이 컸습니다…
당시에 선생님 학급 같은 학급이 있어서 나도 슬픔을 털어놓을
수 있었으면 얼마나 좋았을까요. 나 역시 그 학급에 들어가고
싶었을 겁니다. 왜냐면…."

그의 목소리가 갈라졌다.

"… 왜냐면 난 너무도 외로웠으니까요…."

"모리, 어머니가 돌아가신 지 70년이나 지났잖습니까. 한데
아직도 그 고통이 계속되고 있습니까?"

코펠이 물었다.

"그럼요."

우리 선생님은 그렇게 속삭였다.

모리의 어린 시절

모리가 8살 때였다. 병원에서 전보가 왔다. 러시아 이민자였던 아버지는 영어를 읽지 못했기 때문에, 큰아들인 모리가 전보를 읽어야 했다. 그는 어머니의 죽음을 알리는 비보를, 학교 친구들 앞에서 책 읽듯 읽어내려갔다.

"이런 소식을 알리게 되어 유감스럽습니다만…."

장례식날 아침, 모리의 친척들은 맨해튼 로어 이스트 사이드에 있는 그의 셋집 계단을 내려왔다. 남자들은 검정 양복을 입었고 여자들은 베일을 썼다. 때마침 이웃집 아이들이 학교에 가느라 집에서 나왔다. 친구들이 지나갈 때, 모리는 그들에게 이런 모습을 보이는 게 부끄러워 고개를 숙였다. 이때 뚱뚱한 숙모가 모리를 부여잡고 울부짓기 시작했다.

"엄마 없이 어떻게 살래? 이제 어쩌면 좋니?"

모리는 와락 울음을 터뜨렸다. 그러자 그의 학교 친구들은 모두 달아나버렸다.

그는 묘지에서 어머니의 무덤에 흙이 뿌려지는 광경을 지켜보았다. 어머니가 살아있을 때 함께한 좋은 순간들을 기억해보려 애를 썼다. 어머니는 병이 나기 전까지는 사탕가게를 운영했고, 병이 난 이후에는 대부분의 시간을 주무시거나 창가에 앉아서 보냈다. 항상 약해 보였다. 그녀는 이따금 아들에게 약을 갖다달라고 소리치곤 했는데, 길에서 스틱볼(미국 어린이들이 길에서 막대기와 야구공으로 하는 야구놀이)을 하던 어린 모리는 그것을 못 들은 체했다. 어린 마음에 어머니의 병을 모른 체하면 그 병을 물러가게 할 수 있다고 믿었으므로.

이런 방법 외에 달리 어린애가 어떻게 죽음과 맞설 수 있었겠는가?

찰리라고 불렸던 아버지는 러시아 군대를 피해 미국으로 왔다. 그는 모피 공장에서 일했으나, 자주 직장을 그만두곤 했다. 교육도 제대로 받지 못했고 영어도 잘 못했던 그는 몹시 가난했고, 따라서 가족들은 복지 세도에 의존하며 살아야 했다. 그들이 사는 아파트는 어두컴컴하고 비좁았다. 사탕가게 뒤에 있었는데 참 심란한 곳이었다. 집에 사치품이라곤 없었다. 물론 자동차 따윈 꿈도 꿀 수 없었다. 가끔 모리와 동생 데이비드는 돈을 벌기 위해, 5센트짜리 동전 한 닢을 받고 남의 집 현관 계단을 청소해주곤 했다.

어머니가 세상을 뜬 후, 형제는 코네티컷 숲에 있는 작은 여관으로 보내졌다. 커다란 통나무집에 몇 가족이 살면서 부엌을 공동으로 사용했다. 친척들은 신선한 공기가 모리 형제에게 좋을 거라고 생각했다. 모리와 데이비드는 그렇게 푸르른 곳은 처음 보았다. 그들은 들녘을 누비며 뛰어놀았다.

어느 날 밤, 저녁 식사가 끝나자 둘은 산책을 나갔는데 비가 내리기 시작했다. 형제는 집에 들어가지 않고 몇 시간이나 빗속을 쏘다녔다.

다음 날 아침, 잠에서 깨자 모리는 침대에서 뛰어나와 동생을 깨웠다.

"자, 데이비드, 일어나."

"형, 나 못 일어나겠어."

"무슨 소리야?"

데이비드는 겁에 질린 얼굴이었다.

"움직일 수가… 없어."

그는 소아마비에 걸렸다.

그후 데이비드는 특수 병원을 들락거렸으며, 다리에 부목을 대야 했으므로 결국 다리를 절게 되었다.

물론 비 때문만은 아니었다. 하지만 모리처럼 어린 나이에는 그걸 이해할 수가 없었다. 그래서 오랫동안 그 모든 불행을 모리는 자기의 책임으로 여겼다.

그래서 아침이면 유대 예배당에 가서—아버지는 신앙심이 깊지 않은 사람이었으므로, 그는 혼자 갔다—검은 긴 코트 차림으로 몸을 흔드는 사람들 사이에 서서, 하나님께 죽은 어머니와 아픈 동생을 돌봐달라고 간절히 기도했다.

그리고 오후에는 지하철역에 서서 잡지를 팔았고, 얼마를 벌든 모두 다 식료품을 사는 데 보탰다.

저녁이면 아버지가 말없이 식사하는 것을 지켜보면서, 애정과 대화, 따뜻함 같은 것들을 보여줬으면 하고 바랐다. 그러나 그 바람은 한 번도 이루어진 적이 없었다.

9살 즈음, 모리는 어깨에 산같이 무거운 짐을 진 듯한 느낌을 맛봤다.

╭───╮ 하지만 그 다음 해에 모리의 인생에 구원의 손길이 다가왔다.

새 엄마 에비가 생긴 것이다. 그녀는 키가 작은 루마니아 이민자로 갈색 곱슬머리에 소박한 외모를 하고 있었다. 하지만 두 사람분의 에너지를 지닌 여성이었다.

새 엄마 에바는 아버지가 자아내는 우중충한 분위기를 확 바꿔 환하게 만들었다. 남편이 침묵할 때 그녀는 말을 했고, 밤이면 아이들에게 노래를 불러주었다. 모리는 그 위안을 주는 목소리와 그녀가 가르쳐주는 공부와 그녀에게서 풍겨나는 강인한 성격에서 평안을 맛보았다.

동생이 특수 병원에서 퇴원해 다리에 부목을 댄 채 집으로 돌아오자, 형제는 부엌에 바퀴 달린 침대를 놓고 함께 잤다. 새 엄마는 그들에게 잘 자라고 입맞춤을 해주곤 했다. 모리는 강아지가 우유를 기다리듯 이 입맞춤을 기다렸고, 마음속 깊이 엄마를 다시 얻은 기분을 느꼈다.

하지만 가난은 피할 도리가 없었다. 이제 그들은 브롱크스 트레몬트 가의 방 하나짜리 아파트에서 살았다. 붉은 벽돌 건물이었는데, 바로 옆이 이탈리아 맥주바여서 여름 저녁이면 노인들이 보치(무거운 나무공을 잔디밭에서 굴려 표적공에 접근시키는 이탈리아 잔디 볼링)를 하곤 했다. 공황 때문에, 모리의 아버지는 예전보다 더 가물에 콩나듯 모피 공장에서 일했다. 가족이 저녁 식탁에 둘러앉았을 때, 새 엄마 에바가 내놓은 음식이 빵뿐인 경우도 종종 있었다. 그럴 때면 데이비드가 물었다.

"뭐 또 없어요?"

"다른 음식은 없단다."

새 엄마는 이렇게 대답하곤 했다.

그녀는 모리와 데이비드에게 이불을 덮어주고는 유대어로 노래를 불러주곤 했다. 노래조차도 슬프고 가난했다. 그중 담배팔이 소녀의 노래가 가장 기억에 남았다.

이 담배 좀 사주세요.

비에 젖지 않은 마른 담배예요.

저를 불쌍히 여겨주세요. 가엾게 봐주세요.

그런 환경 속에서도 모리는 사랑하는 법과 돌보는 법을 배웠다. 그리고 배워야 한다는 사실도.

에바는 가난을 벗어날 길은 오직 교육밖에 없다고 봤기 때문에, 공부를 잘해야 된다고 생각했다. 그래서 그녀도 영어 실력을 향상시키려고 야간학교에 다녔다. 결국 모리의 교육을 사랑하는 면은 새 엄마 에바의 품에서 부화된 것이었다.

그는 밤이면 부엌 식탁에서 램프를 켜놓고 공부했다. 그리고 아침이면 유대 예배당에 가서 죽은 어머니를 위해 기도를 올렸다. 어머니의 추억을 마음속에 언제까지나 살아있게 하려고….

그러나 놀랍게도 아버지는 죽은 엄마 이야기를 하지 말라고 했다. 아버지는 작은 아들 데이비드가 에바를 생모로 생각하길 원했다.

그것이 모리에게는 끔찍한 짐이 되었다. 오랜 세월 모리가 보관한 어머니의 유품은, 그녀의 죽음을 알리는 전보 용지 한 장뿐이었다. 그는 전보가 온 날 그것을 감추어두었다.

모리는 평생 그 전보를 간직했다.

모리가 10대가 되자, 아버지는 자기가 일하는 모피 공장으로 아들을 데려갔다. 공황 때였다. 아들에게 일자리를 구해주려는 의도에서였다.

모리는 공장에 들어가자마자, 벽이 사방에서 조여드는 느낌을 받았다. 실내는 어둡고 더웠으며, 창은 먼지가 잔뜩 끼어 있었다. 기계가 다닥다닥 붙어서 열차 바퀴 돌듯 어지럽게 돌아갔다. 또 모피 털까지 날아다녀서 공기가 매캐했다. 노동자들이 펠트천을 박느라 허리를 굽힌 채 바느질을 하고 있었고, 공장장은 통로를 오르내리며 빨리 하라고 소리를 질러대고 있었다.

모리는 숨도 쉴 수 없었다. 그는 두려움으로 얼어붙어 아버지에게 바짝 붙어 서 있었다. 공장장이 자신에게도 소리칠까 봐 겁이 났다.

점심 시간에 아버지는 모리를 공장장에게 데려가서, 모리를 그에게 밀어붙였다. 그리곤 아들애가 일할 자리가 없는지 물었다. 하지만 일자리를 구하는 어른은 많았고, 일을 그만두는 사람은 없었다.

이것이 모리에게는 축복이었다. 그는 이곳이 싫었다. 그는 삶이 끝날 때까지 지켰던 맹세를 바로 이때 했다. 다른 사람을 착취하는 일은 결코 하지 않으리라. 또 다른 사람의 땀으로 돈을 벌지 않으리라.

"이제 뭘 할래?"

새 엄마 에바는 이렇게 묻곤 했다.

"잘 모르겠어요."

변호사를 싫어했으므로 법학은 제외시켰다. 그리고 피가 나오는 광경은 볼 수 없었으므로 의학도 뺐다.

"이제 뭘 할래?"

내 평생의 가장 훌륭한 교수님이 선생님이 된 것은, 순전히 이것저것 빼고 남은 결과 덕분이었다.

"스승은 영원까지 영향을 미친다.
어디서 그 영향이 끝날지 스승 자신도 알 수가 없다."
—헨리 애덤스

죽음

네 번째 화요일

"이런 생각에서부터 이야기를 풀어나가세. 모두들 죽게 된다
는 것은 알고 있지만, 자기가 죽는다고 믿는 사람은 없어."

모리 선생님이 말했다.

이번 화요일, 그는 사뭇 사무적이었다. 내 리스트에 맨 처음
오른 죽음이 주제였다. 내가 도착하기 전, 모리 선생님은 잊지
않도록 흰 종이 몇 장에 메모를 해놓았다. 떨리는 필체는 이제
선생님 자신밖에 알아보지 못했다. 거의 노동절이 다 된 무렵
이라, 창 밖으로 뒷마당 울타리가 시금치 빛깔로 물든 것이 눈
에 들어왔다. 거리에서는 개학을 며칠 남겨놓은 아이들이 자
유롭게 뛰어노는 소리가 들려왔다.

디트로이트에서는 신문사 데모대가 공휴일을 맞이하여 경
영진에게 노동 조합의 단결된 힘을 과시하기 위한 대규모 시위
를 준비하고 있었다. 비행기를 타고 보스턴으로 오면서, '나

쁜 사람들'로부터 보호하기 위해서였다며 잠든 남편과 두 딸을 죽인 여자의 기사를 읽었다. 캘리포니아에서는 O.J. 심슨의 변호인단이 대단한 명사가 되어 있었다.

이곳 모리 선생님의 방에서는 귀중한 하루의 삶이 계속되었다. 이제 가까이 앉은 우리 곁에 새로운 존재가 들어서 있었다. 그것은 이동 가능하며 무릎 높이쯤 되는 작은 기계, 바로 산소 호흡기였다. 선생님이 밤에 숨을 제대로 쉬지 못하면, 사람들은 긴 플라스틱 튜브를 거머리처럼 그의 콧구멍에 쑤셔넣었다. 나는 선생님이 어떤 종류의 기계든 기계에 연결된다는 것이 마음에 들지 않아서, 그와 말할 때 산소 호흡기를 쳐다보지 않으려 애썼다.

그는 반복해서 말했다.

"죽게 되리란 사실은 누구나 알지만, 자기가 죽는다고는 아무도 믿지 않지. 만약 그렇게 믿는다면, 우리는 다른 사람이 될 텐데."

"자기는 안 죽을 거라며 자신을 속이지요."

"그래. 하지만 죽음에 대해 좀더 긍정적으로 접근해보자구. 죽으리란 걸 안다면, 언제든 죽을 수 있도록 준비를 해둘 수 있네. 그게 더 나아. 그렇게 되면, 사는 동안 자기 삶에 더 적극적으로 참여하며 살 수 있거든."

"죽을 준비는 어떻게 하나요?"

"불교도들이 하는 것처럼 하게. 매일 어깨 위에 작은 새를 올려놓는 거야. 그리곤 새에게 '오늘이 그날인가? 나는 준비가 되었나? 나는 해야 할 일들을 다 제대로 하고 있나? 내가 원하는 그런 사람으로 살고 있나?'라고 묻지."

그는 새가 얹혀져 있기라도 한 듯 어깨 쪽으로 고개를 돌렸다.

"오늘이 내가 죽을 그날인가?"

선생님이 말했다.

그는 모든 종교들에서 자유롭게 사상을 빌려왔다. 유태인으로 태어났지만, 10대 청소년기에 불가지론자(우주의 본질인 물자체는 인간의 경험으로는 인식할 수 없다는 것을 믿는 사람)가 되었다. 어린 시절 온갖 일을 다 겪은 것도 그 이유 중의 하나였다. 선생님은 불교 철학과 기독교 철학을 즐겨 말했고, 문화적으로는 유태주의를 편안해 했다. 그는 이 종교 저 종교 다 취하는 편이었는데, 그 덕에 오랜 세월 학생들을 가르치면서 학생들에게 더 마음을 열어놓을 수 있었다. 그리고 지상에서의 마지막 몇 달간 선생님은 각 종교의 차이점을 초월하는 말을 했다. 죽음이 그렇게 할 수 있게 해주었다.

"미치, 어떻게 죽어야 할지 배우게 되면 어떻게 살아야 할지도 배울 수 있다네."

그가 말했다.

나는 고개를 끄덕였다.

"다시 말하면, 일단 죽는 법을 배우게 되면 사는 법도 배우게 되지."

그는 미소지었고, 나는 선생님이 왜 이렇게 말하는지 깨달았다. 그는 내가 당황하지 않고 이러한 관점을 잘 이해하도록 거듭 강조했다. 좋은 선생님의 면모가 이럴 때 잘 드러났다.

"병이 나기 전에도 죽음에 대해 많이 생각하셨어요?"

내가 물었다.

모리 선생님은 미소지으며 대답했다.

"아니. 나도 다른 사람들과 똑같았어. 언젠가 한번은 너무나 자신감이 넘친 나머지 친구에게 '난 지금껏 자네가 만나본 노인 중 가장 건강한 노인이 될 거야!'라고 말한 적도 있다네."

"몇 살 때였는데요?"

"60대 때."

"굉장히 낙관적이셨군요."

"왜 안 그렇겠나? 내가 말했듯, 자기가 죽을 거라고 믿는 사람은 아무도 없다구."

"하지만 아는 사람을 저세상으로 떠나보낸 경험은 누구나 있잖아요. 그런데 자기 죽음에 대해 생각하기가 왜 그리 어려울까요?"

내가 물었다.

"다들 잠든 채 걸어다니는 것처럼 사니까. 우린 세상을 충분히 경험하지 못하지. 왜냐면 해야 한다고 생각되는 일을 기계적으로 하면서 반쯤 졸면서 살고 있으니까."

"그러면 죽음과 직면하면 모든 게 변하나요?"

"그럼. 모든 것을 다 벗기고, 결국 핵심에 초점을 맞추게 되지. 자기가 죽게 되리라는 사실을 깨달으면, 매사가 아주 다르게 보이네."

선생님은 한숨 지었다.

"어떻게 죽어야 좋을지 배우게. 그러면 어떻게 살아야 할지도 배우게 되니까."

나는 그가 손을 움직일 때 떠는 것을 알아차렸다. 선생님은 목에 걸려 있던 안경을 집어쓰려 했지만, 안경은 관자놀이에서 미끄러졌다. 어둠 속에서 딴 사람에게 안경을 씌워주는 것 같았다. 나는 귀에 안경 거는 것을 도와주었다.

"고맙네."

모리 선생님이 속삭였다. 내 손이 머리를 스치자, 그는 미소 지었다. 그는 가벼운 접촉도 즐거워했다.

"미치. 내가 딴 이야기를 해볼까?"

"네. 그러세요."

"어쩜 자네가 좋아하지 않을지도 몰라."

"왜요?"

"솔직히 말해, 이께 위에 있는 새의 소리에 귀를 기울이면
—즉 '언제든 죽을 수 있다는 사실을 인정하면'—지금처럼
야망이 넘치지 않게 될 테니까."

나는 억지로 조금 웃었다.

"그렇게 많은 시간을 투자하는 일들—자네가 하는 모든 작
업—이 그다지 중요하게 여겨지지 않을 테니까. 영혼과 관계
된 것이 파고들 공간을 더 많이 마련해야 될지도 모르지."

"영혼과 관계된 것들이요?"

"자넨 그 말을 싫어하지, 안 그런가? '영혼.' 감상적인 말이
라고 생각하지."

"글쎄요."

선생님은 윙크를 하려 했지만, 제대로 되질 않았다. 나는
'쿡' 하고 웃음을 터뜨렸다.

그도 따라 웃으며 말했다.

"미치, 나도 '영혼을 개발하는 것'이 진짜 무엇을 의미하는
지 모른다네. 하지만 우리가 어떤 면으로 참 부족하다는 점은
잘 알지. 우린 물질적인 것에 지나치게 관계되어 있으면서도,
거기서조차 만족을 얻지 못하네. 사랑하는 관계, 우리를 둘러
싼 우주… 우린 그런 것을 너무 당연하게 받아들인다구."

그는 해가 드는 창을 고개로 가리켰다.

"저거 보이나? 자네는 저 밖에 나갈 수 있지. 언제든 밖으로

나갈 수 있어. 이 동네에서 저 동네로 마구 달려갈 수 있어. 나는 그러지 못하네. 나갈 수 없어. 물론 달리는 것은 더더욱 불가능하네. 밖으로 나가면 병이 심해질까 두렵지. 하지만 자네, 아나? 자네보다 내가 저 창을 더 제대로 감상한다는 것을."

"창을 제대로 감상해요?"

"그래. 매일 저 창 밖을 내다보지. 나무가 어떻게 변하는지, 바람이 얼마나 강해졌는지도 알아차린다네. 그것은 시간이 창틀을 지나치는 것을 아는 것과 비슷하지. 내 시간이 거의 끝났음을 알기에, 처음으로 자연을 보는 것처럼 그렇게 자연에 마음이 끌린다네."

그가 말을 멈추었고, 우리는 잠시 창 밖을 내다보았다. 나는 선생님이 보는 대로 보려고 노력했다. 시간과 계절을, 내 삶이 천천히 스쳐지나가는 것을 보려고 애썼다. 모리 선생님은 머리를 살짝 숙이며 어깨 쪽으로 돌렸다.

"오늘이 그날이냐, 작은 새야? 오늘이냐?"

선생님은 물었다.

'나이트라인'에 출연한 덕분에, 전세계에서 편지가 밀려들었다. 선생님은 앉아서, 답장을 대필하려고 모인 친구와 가족에게 답장 내용을 불러주곤 했다.

어느 일요일, 그의 아들 롭과 존이 집에 와서 모두 거실에 모였다. 그는 가는 다리에 담요를 덮고 휠체어에 앉아 있었다. 선생님이 추워하자, 도와주는 사람이 어깨에 나일론 재킷을 걸쳐주었다.

"맨 처음 편지는 어떤 거지?"

그가 물었다.

친구 한 명이 낸시라는 여자의 편지를 읽었다. 낸시는 어머니를 루게릭 병으로 잃었다고 했다. 그녀는 얼마나 힘겹게 상실감을 겪었는지, 그리고 모리가 그런 고통을 겪고 있음을 안다고 적었다.

"좋아."

그가 편지를 다 읽자, 선생님은 이렇게 말하고 눈을 감았다.

"이렇게 시작하자구. '친애하는 낸시, 어머니 이야기에 대단히 감명받았습니다. 그리고 당신이 어떤 어려움을 겪었는지 이해합니다. 우리 모두에게는 지금 슬픔과 고통이 있습니다. 하지만 슬픔은 내게 좋은 역할도 해주고 있습니다. 당신에게도 그랬으면 좋겠습니다.'"

"마지막 줄을 바꾸고 싶지 않으세요."

롭이 말했다.

선생님은 잠시 생각에 잠겼다가 말했다.

"네 말이 옳아. '당신이 슬픔 속에서 치유의 힘을 찾을 수 있기를 바랍니다'로 하면 어떨까? 그게 더 나으냐?"

롭은 고개를 끄덕였다.

"'감사를 전하며, 모리'를 빼먹지 말아라."

모리 선생님은 덧붙였다.

제인이라는 여인으로부터 온 편지도 있었다. 그녀는 '나이트라인' 프로그램에서 감동을 준 데 감사했다. 그녀는 그를 선지자로 부르고 싶어했다.

"칭찬이 참 지나치구만. 선지자라니."

친구 한 명이 말했다.

선생님은 얼굴을 찡그렸다. 그도 그런 평가에 동의하지 않았다.

"높은 평가에 대해 감사하자구. 그리고 내가 한 말이 그녀에게 의미를 주었다니 반갑다고 말하고. 그리고 '감사를 전하며, 모리'란 말 잊지 말고."

영국에 사는 어느 남자는 편지에서, 어머니를 잃었는데 영적 세계를 통해 어머니와 접촉할 수 있도록 도와달라고 부탁했다. 또 보스턴에 와서 만나고 싶다며 편지를 보낸 커플도 있었다. 전에 대학원 학생이었던 졸업생이 기나긴 편지를 보내왔다. 그녀는 대학 졸업 후의 삶에 대해 자세히 썼다. 살해—자살과 세 명의 사산아—에 대한 이야기가 씌어 있었다. 또 루게릭 병으로 죽은 어머니에 대한 이야기도 있었다. 그녀는 딸

로서 자신도 그 병에 걸릴까봐 두렵다고 썼다. 편지는 계속 이어졌다. 2페이지. 3페이지. 4페이지.

모리 선생님은 앉아서, 기나긴 우울한 이야기를 들었다. 마침내 다 끝나자, 그가 나직이 말했다.

"자, 뭐라고 답장을 보낸다?"

모여 앉은 사람들은 침묵했다.

마침내, 롭이 입을 열었다.

"'기나긴 편지, 감사합니다'는 어떨까요?"

모두들 웃음을 터뜨렸다. 선생님도 아들을 바라보며 환하게 웃었다.

루게릭 선수와 루게릭 병

의자 옆에 놓인 신문에 보스턴 야구팀 선수가 어려운 타구를 잡고 미소짓는 사진이 실려 있다.

갑자기 하고많은 병 중에서 왜 하필 모리 선생님이 운동 선수의 이름을 딴 병을 앓고 있나, 라는 생각이 든다.

"루게릭이라는 선수, 기억하시죠?"

내가 묻는다.

"그가 스타디움에 서서 작별 인사를 고하던 장면을 기억하네."

"그럼 그 유명한 구절도 기억하시겠네요."

"뭔데?"

"그러지 말고 기억해보세요. 루게릭. '양키스의 자랑'인데요? 대형 스피커에서 나온 연설 말예요."

"기억을 상기시켜 주게나. 연설을 해보라구."

모리 선생님이 말한다.

열린 창으로 쓰레기차 소리가 들린다.

더운 날씨인데도, 선생님은 다리에 담요를 덮고 긴 팔 옷을 입고 있다. 피부가 창백하다. 병이 자꾸만 그의 몸을 파고

든다.

나는 목소리를 높여, 게릭의 흉내를 낸다. 스타디움 벽에 그의 목소리가 메아리친다.

"오오오늘… 저저는… 이 지구상에서… 가장 복많은 사아람이… 된 기부운입니다아아…."

선생님은 눈을 감고 천천히 고개를 끄덕인다.

"음. 그랬었군. 난 지금 그렇게 느껴지지 않는데."

가족

다섯 번째 화요일

9월 첫째주. 학생들이 개학하는 주일. 내 노은사의 생애 중 35번째 가을 만에 처음으로, 캠퍼스에서 그를 기다리는 학생들이 없었다. 보스턴에는 학생들이 밀려들어 길마다 이중 주차가 되어 있고 짐을 내리는 트럭들이 많았다. 그리고 여기, 서재에 모리 선생님이 있었다. 풋볼 선수가 은퇴해서 첫 일요일을 집에서 텔레비전을 보면서 '난 아직도 경기를 할 수 있는데'라고 생각하는 것처럼, 선생님이 집에 있는 것도 뭔가 잘못된 것 같았다. 나는 그런 선수들을 만나면서, 경기 시즌이 되면 그들을 가만 놔두는 것이 최선임을 배웠다. '선생님께 아무 말도 하지 말자.' 선생님에게 시간이 차츰차츰 없어진다는 사실을 상기시킬 필요가 없었다.

우리의 대화를 녹음하면서, 손으로 잡는 마이크에서 텔레비전 뉴스 앵커들이 쓰는 마이크로 바꾸었다.

점점 모리 신생님은 오랫동안 뭔가를 들고 있을 수 없을 만큼 약해져갔다. 이 마이크는 칼라나 옷깃에 달기만 하면 됐다. 물론 선생님은 부드러운 면 셔츠만 입었기 때문에, 그것도 셔츠가 마른 몸에 헐렁하게 걸쳐져 있었기 때문에 마이크는 곧 아래로 축 처지기 일쑤였고, 그래서 나는 손을 뻗어 마이크를 고쳐달아야 했다. 이때 선생님은 내가 끌어안을 정도로 가까이 다가가자, 그때마다 즐거워하는 듯했다. 그에게는 어느 때보다도 물리적인 애정이 필요했다.

몸을 숙이면, 그의 숨소리와 기침 소리가 들렸다. 선생님은 입술을 가만히 깨물고 나서 침을 삼켰다.

"자, 친구. 오늘은 무슨 얘기를 할까?"

"가족에 대해서는 어떻습니까?"

"가족이라….."

그는 잠시 생각에 잠겼다가 말했다.

"자네도 내 가족에 대해서 잘 알지. 모두 나를 에워싸고 있어."

그는 서가에 놓인 사진을 고갯짓했다.

어린 모리가 할머니와 찍은 사진. 젊은 모리가 동생 데이비드와 찍은 사진. 모리와 아내 샬럿. 모리와 두 아들 롭과 존. 롭은 도쿄에서 저널리스트로, 존은 보스턴에서 컴퓨터 전문가로 일했다.

"우리가 이야기한 어떤 주제보다도 '가족'이 중요하다는 생각이 드네. 사실, 가족이 없다면 사람들이 딛고 설 바탕이, 안전한 버팀대가 없겠지. 병이 난 이후 그 점이 더 분명해졌네. 가족의 뒷받침과 사랑과 애정과 염려가 없으면, 많은 걸 가졌다고 할 수 없겠지. 사랑이 가장 중요하네. 위대한 시인 오든이 말했듯이 '서로 사랑하지 않으면 멸망한다'네."

"서로 사랑하지 않으면 멸망하리."

나는 그 말을 받아적었다. 오든이 그렇게 말했나?

"'서로 사랑하지 않으면 멸망하리.' 좋은 구절이지, 안 그런가? 그리고 사실이기도 하고. 사랑이 없으면 우린 날개 부러진 새와 같아."

"내가 지금 이혼했거나 혼자 살거나, 자식이 없다고 가정해보세. 내가 지금 겪고 있는 병과 같은 병마가 한결 더 힘겨웠을 거야. 잘 겪어냈으리라고 장담하지 못하겠네. 물론 친구들과 여러 사람이 찾아와주겠지만, 가족과 같이 떠나지 않을 사람을 가진 것과는 다르지. 나를 계속 지켜봐주는 사람, 언제나 나를 지켜봐줄 사람을 갖는 것과는 다르네."

"가족이 지니는 의미는 그냥 단순한 사랑이 아니라, 지켜봐주는 누군가가 거기 있다는 사실을 상대방에게 알려주는 것이라네. 어머니가 돌아가셨을 때 내가 가장 아쉬워했던 게 바로 그거였어. 소위 '정신적인 안정감'이 가장 아쉽더군. 가족이 거기서 나를 지켜봐주고 있으리라는 것을 아는 것이 바로 '정신적인 안정감'이지. 가족말고는 그 무엇도 그걸 줄 순 없어. 돈도. 명예도."

선생님은 나를 뚫어지게 쳐다보며 덧붙였다.

"일도."

내가 고민하는 것—너무 늦기 전에 하고 싶은 일들—중의 하나는 바로 가족을 일구는 일이었다. 나는 선생님에게 우리 세대가 자식을 갖는 것에 대해 느끼는 딜레마를 털어놓았다. 자식이 우리를 얽어맨다고, 자식을 낳으면 하고 싶지 않은 '어버이 노릇'을 해야 한다고 생각한다는 점을 말했다. 나도 약간은 이런 감정을 느끼고 있다고도 고백했다.

하지만 선생님을 보면서, 내가 곧 죽을 처지인데 가족도 자식도 없다면 그 허전함을 과연 참아낼 수 있을지 생각해봤다. 선생님은 두 아들을 자신처럼 사랑이 많고 남을 잘 돌봐주는 사람으로 키워냈다. 그들은 부끄러워하지 않고 애정을 표현했다. 그들은 아버지가 원한다면 하던 일을 멈추고 아버지 생애의 마지막 몇 달을 함께 지내려 할 터였다. 하지만 그것은 모리 선생님이 원하는 바가 아니었다.

"너희 생활을 중지하지 말아라. 안 그러면 이 병이 나 한 사람만이 아니라 우리 세 사람 모두를 집어삼켜버릴 거야."

선생님은 아들들에게 그렇게 말했다.

그는 죽어가면서조차 자식들의 세계를 존중했다. 이들 가족이 모여 있을 때는 애정이 폭포처럼 흘러넘쳤고, 입맞춤과 농담이 수없이 오갔다. 그리고 침대 곁에 쪼그리고 앉아 손을 잡아주는 광경이 이 가족에겐 특별한 일이 아니었다.

모리 선생님은 큰아들 사진을 보면서 이렇게 말했다.

"사람들이 자식을 낳아야 되느냐 낳지 말아야 되느냐 물을 때마다, 나는 어떻게 하라곤 말하지 않네. '자식을 갖는 것 같은 경험은 다시 없지요'라고만 간단하게 말해. 정말 그래. 그 경험을 대신할 만한 것은 없어. 친구랑도 그런 경험은 할 수 없지. 애인이랑도 할 수 없어. 타인에 대해 완벽한 책임감을 경험하고 싶다면, 그리고 사랑하는 법과 가장 깊이 서로 엮이는 법을 배우고 싶다면 자식을 가져야 하네."

"옛날로 되돌아간대도 자식을 낳으실 거예요?"

내가 물었다.

나는 사진을 힐끗 보았다. 아들 롭이 아버지의 이마에 키스하고 있고, 선생님은 눈감고 웃고 있는 사진을.

"옛날로 되돌아간대도 자식을 낳을 거냐고?"

그는 놀란 표정으로 날 보면서 반문했다.

"미치, 난 그 무엇을 준대도 그런 경험을 놓치고 싶지 않네. 비록…."

모리 선생님은 침을 삼키고 사진을 무릎에 내려놓았다.

"비록 치러야 할 고통스런 대가가 있긴 하지만."

"그들을 두고 떠나셔야 하니까요?"

"그래, '곧' 그들을 두고 떠나야 하니까."

그는 입술을 꾹 다물고 눈을 감았다. 나는 그의 뺨에 흐르는
눈물을 보았다.

~~~~~~ "이제 자네가 얘기해봐."

그가 속삭였다.

"저요?"

"자네 가족 이야기. 부모님은 나도 알지. 오래 전, 그러니까
졸업식날 뵈었지. 또 누이도 있을걸, 그렇지?"

"네."

"누나지, 아마?"

"누나예요."

"그리고 남자 형제도 있지?"

나는 고개를 끄덕였다.

"동생이던가?"

"네."

"나랑 똑같군. 나도 남동생이 있는데."

"선생님이랑 같아요."

"그도 자네 졸업식에 왔었지?"

나는 눈을 깜빡였다. 16년 전의 뜨거운 햇빛 속에서 파란 옷을 입은 우리가 어깨동무를 하고 사진을 찍는 그림이 머릿속에 떠올랐다. 누군가 "치이이즈"라고 말했었지.

"왜 그래? 무슨 생각을 하지?"

선생님은 갑자기 내가 조용해진 것을 알아차리고 물었다.

"아아아무 것도 아닙니다."

나는 화제를 바꾸었다.

~~~~~~~ 정말 내겐 남동생이 한 명 있다. 금발머리에 다갈색 눈동자를 가진 나보다 두 살 아래인 그애는 나랑 너무 달랐고 또 검은 머리인 누나랑도 너무 달라서 우리는 "아기 때 누가 널 우리집 문 앞에 두고 갔다"고 놀리곤 했다. "언젠가 누가 너를 찾으러 올 거야." 누나랑 내가 짓궂게 놀리면 그앤 울었지만, 우리는 맨날 놀려댔다.

동생은 다른 집 막내처럼 응석받이에 사랑을 잔뜩 받으면서도 마음속으로는 고통을 겪으며 자랐다. 그애는 배우나 가수를 꿈꿨고, 저녁 식사를 할 때면 텔레비전에서 본 쇼를 연기해 보이곤 했다. 쇼의 온갖 역할을 다하면서, 그 밝은 웃음을 흘렸다. 나는 모범생이었고, 녀석은 문제 학생이었다. 나는 어른

말에 순종했고, 녀석은 규칙을 어겼다. 나는 마약과 술 근처에
도 안 갔지만, 녀석은 입으로 삼킬 수 있는 것은 모두 다 해봤
다. 고교 졸업 후, 얼마 안 되어 그애는 유럽으로 갔다. 유럽의
자연스런 생활 방식을 더 마음에 들어했다. 하지만 그애는 여
전히 가족의 총아로 남아 있었다. 그가 그 야성 넘치면서도 재
미있는 모습으로 집에 올 때면, 나는 몸이 굳고 보수적이 되는
느낌을 받을 때가 많았다.

그렇게 달랐으므로, 나는 우리가 어른이 되면 인생도 완전
히 딴 방향으로 치닫으리라 믿었다. 나는 오로지 한 길로만 똑
바로 갔다. 삼촌이 돌아가신 날부터, 나는 그와 비슷한 죽음을
겪으리라 믿었다. 젊은 나이에 질병이 닥쳐서 세상을 뜰 거라
고. 그래서 발바닥에 불이 나도록 열심히 일했고, 암이 닥쳐올
것에 대비했다. 나는 암의 기운을 느낄 수 있었다. 그것이 내
게 닥쳐오리라는 것을 알았다. 그래서 사형 언도를 받은 죄수
가 집행관을 기다리듯 암이 덮쳐오기를 기다렸다.

그리고 내 예감이 맞았다. 암이 다가왔다.

하지만 그것은 나를 비껴갔다.

암은 내 동생에게 들이닥쳤다.

우리 삼촌이 앓던 암과 같은 종류였다. 췌장암. 희귀한 형태
라고 했다. 그리고 우리 가족 중 제일 젊은 동생은, 금발 머리
에 다갈색 눈을 가진 그애는, 화학 요법과 방사선 치료를 받았

다. 머리칼이 빠지고 얼굴은 해골처럼 수척해졌다. 나는 '내가 겪어야 될 병을 저애가 겪는'고 생각했다. 하지만 동생은 내가 아니었다. 그애는 또 삼촌 같지도 않았다. 그애는 투사였다. 나랑 지하실에서 레슬링을 할 때 내가 비명을 지르며 손을 놓을 때까지 내 발을 깨물던 그애는 그 시절부터 내내 싸움꾼이었다.

그렇게 그애는 맞서 싸웠다. 집이 있는 스페인에서 병마와 싸웠다. 그애는 미국에서는 그때나 지금이나 쓰지 않는 전문 치료제를 투약받았다. 5년 만에 이 약이 암을 약화시켰다고 판명되었다.

희소식이었다. 그리고 나쁜 소식은, 내 동생은 나를(아니 나뿐 아니라 가족 누구도) 곁에 오지 못하게 한다는 것이었다. 우리는 전화를 하고 방문하려고 애썼지만, 그애는 혼자서 싸울 것이라면서 접근을 막았다. 동생에게서 아무 소식도 듣지 못한 채 몇 달이 지나곤 했다. 자동 응답기에 메모를 남겨도 통 응답이 없었다. 동생을 위해 뭔가 하면 죄책감에서 벗어날 것 같았고, 그래서 뭔가 해줄 가족의 권리를 빼앗는 그애에게 화가 났다.

그래서 다시 한번 일에 매달렸다. 일은 내 마음대로 조종할 수 있는 유일한 것이었으므로. 일이야말로 지각도 있고 반응을 보이는 유일한 상대였으므로. 스페인의 동생 아파트에 전화를 걸어서 자동 응답기의 대답을 들을 때마다, 나는 수화기를 "쾅" 하고 내려놓고는 다시 일에 매달렸다. 그애는 스페인어로 녹음을 해놓았고, 그것 또한 거리감을 느끼게 했다.

어쩌면 내가 모리 선생님에게 끌리게 된 이유도 바로 이 때문이리라. 선생님은 내 동생이 받아들이지 않는 자리에 내가 들어설 수 있게 해주었으므로.

이제와서 생각해보면, 선생님은 아마 이 모든 것을 알고 있었던 듯 싶다.

썰매 타기

어린 시절 겨울. 우리가 사는 교외 지역의 눈덮인 언덕에서 썰매를 탄다. 동생은 썰매 뒤쪽에, 나는 앞에 타고 달린다. 그애의 턱이 내 어깨에 닿고, 무릎팍에 그애의 발이 닿는다.

우리를 실은 썰매는 얼어붙은 길을 달려내려간다. 언덕을 내려가면서 점점 속도가 빨라진다.

"차닷!"

누군가 소리친다.

우리 왼편 도로에서 차가 달려오고 있다. 우리는 비명을 지르면서 썰매 앞머리를 돌리려 하지만, 활주부가 꼼짝도 하지 않는다. 운전자는 경적을 울리며 급브레이크를 밟고, 우리는 애들답게 썰매에서 뛰어내린다.

후드 달린 잠바를 입은 우리는 추운 눈밭을 통나무처럼 떼굴떼굴 구르면서, 이제 곧 딱딱한 자동차 바퀴 고무에 쾅 부딪칠 거라고 각오한다. 우리는 너무 겁이 나서 "아아악" 소리를 지르며 구른다.

위아래가 뒤집어지고 세상이 바로 보였다 꺼꾸로 보였다 한다.

그런데 아무 일도 일어나지 않는다.

우리는 구르기를 멈추고 숨을 몰아쉬며, 얼굴에 묻은 눈을 닦아낸다.

운전자는 우리에게 손가락질을 하면서 도로를 빠져나간다.

휴우, 우린 안전하다.

조금 전 우리가 탔던 썰매는 조용히 눈더미에 박혀 있고, 이제 친구들은 손뼉을 치면서 "멋져!" "하마터면 죽을 뻔 했다"라고 소리친다.

나는 동생을 쳐다보며 씨익 웃고 나서, 애들답게 어깨를 으쓱하며 동생과 하나가 된다.

그다지 나쁜 일은 아니었어. 우린 그런 생각을 하며, 또 다시 죽음과 맞설 채비를 한다.

감정

선생님댁 앞에 있는 칼미아나무와 단풍나무를 지나 푸른 돌계
단을 올라갔다. 흰 빗물받이가 문 위에 뚜껑처럼 달려 있었다.
초인종을 누르니, 평소처럼 코니가 나오지 않고 모리 선생님
의 부인 샬럿이 나왔다. 샬럿은 잿빛 머리칼을 한 아름다운 부
인으로 항상 경쾌한 목소리로 말씀하시는 분이었다. 선생님의
바람대로 계속 MIT 대학에서 근무하셨기 때문에 집에 들를 때
면 거의 집에 안 계셨는데, 이날 아침 그분의 인사를 받자 무
척 놀랐다.

"그 양반이 오늘은 무척 힘들어 하세요."

샬럿이 말했다. 그녀는 잠시 내 어깨 너머를 쳐다보더니 부
엌 쪽으로 걸음을 옮겼다.

"죄송합니다. 하필 이럴 때 찾아와서."

나는 미안한 표정으로 말했다.

그러자 샬럿은 재빨리 대답했다.

"아니, 아녜요. 그이가 미치를 만나면 무척 좋아할 거예요. 분명히…."

샬럿은 말을 하다가 갑자기 입을 다물고, 고개를 갸우뚱하면서 무슨 소리가 나는지 귀를 기울였다. 그러더니 다시 말을 이었다.

"틀림없이… 미치가 집에 온 것을 알면 그인 기분이 한결 나아질 거예요."

"음식을 대드려야죠!"라고 농담을 하면서 가게에서 사온 봉지를 들어 보이자, 샬럿은 미소와 함께 슬픈 표정을 지었다.

"음식은 아직 많이 남아 있어요. 지난 번부터 그이가 통 먹지 못했거든요."

나는 깜짝 놀랐다.

"선생님이 음식을 통 못 드신다구요?"

샬럿이 냉장고 문을 열자, 눈에 익은 그릇들이 보였다. 닭고기 샐러드, 파스타, 야채, 호박 요리…. 모두 내가 선생님께 드리려고 사왔던 음식들이었다. 샬럿이 냉동실 문을 열자 거기에는 더 많은 음식들이 들어 있었다.

"그인 이제 이런 음식은 못 먹게 됐어요. 삼킬 수가 없거든요. 유동식만 먹어야 한대요."

"하지만 선생님은 그런 말씀 안 하시던데요."

샬럿은 미소지었다.

"미치의 마음을 상하게 하고 싶지 않아서 말하지 않았겠죠."

"사온 음식을 못 먹는다고 말씀하셔도 괜찮았을 텐데. 전 그냥 어떤 식으로든 도와드리고 싶어서 음식을 샀던 거예요. 그러니까 선생님께 뭔가 갖다드리고 싶어서…."

"미치는 그이에게 소중한 걸 갖다주고 있어요. 그인 미치의 방문을 잔뜩 기대해요. 미치와 함께하는 이번 프로젝트를 잘해내야 한다면서. 어떻게든 자신이 거기에 집중해야 한다고, 시간을 따로 쪼개야 한다구요. 두 사람의 만남이 훌륭한 목적의식을 주나봐요…."

샬럿은 또 먼곳을 바라보는 듯한 인상을 주었다. 마치 딴 세상을 향하는 듯한.

나는 선생님이 힘든 밤을 보내고 있음을 알고 있었다. 계속 잠을 이루지 못하기 때문에, 샬럿도 잠을 자지 못하는 날이 많았다.

어떤 때 선생님은 몇 시간이고 계속해서 기침이 터져나와 고생하기도 했다. 이때 목에 걸린 담을 뱉어내는 데 오랜 시간과 힘이 들었다.

이젠 간호사들이 밤에도 집에 머무르고 있었고, 낮에는 졸업생들이나 동료 교수, 명상 선생님들이 드나들었다. 하루에 손님이 대여섯 명이나 오는 날도 있었고, 샬럿이 퇴근해서 집에 왔을 때 손님이 가지 않고 있는 경우도 있었다.

남편과 함께 지낼 귀중한 시간을 딴 사람들이 빼앗는데도 샬럿은 참을성 있게 그 상황을 잘 받아들였다.

"…목적 의식 같은 것. 그래요. 그건 좋은 일이죠."

샬럿이 말했다.

"저도 그랬으면 좋겠습니다."

나는 새로 사 온 음식을 냉장고에 넣는 것을 도왔다. 부엌 조리대에는 온갖 종류의 메모와 전갈, 정보, 의료 지식이 적힌 종이가 있었다. 식탁 위에는 어느 때보다도 약병이 많았다. 천식 때문에 먹는 셀레스톤, 잠자게 도와주는 아티반, 감염 때문에 복용하는 나프록센. 거기에 분유와 완하제까지. 복도 끝에서 문 열리는 소리가 들렸다.

"어쩌면 그이가 나올 수 있을지도 모르겠네요… 가서 보고 올게요."

샬럿은 다시 내가 가져온 음식을 힐끗 봤고, 나는 갑자기 부끄러워졌다. '우리 선생님은 이 남은 음식을 다시는 맛보시 못하겠구나' 하는 마음 때문에.

루게릭 병은 점점 더 심각해졌다. 마침내 마주 앉았을 때, 선생님은 평소보다 훨씬 기침을 많이 했다. 가슴 전체가 마구 흔들리고 머리까지 앞으로 확 꺾어지게 하는 그런 기침이었다. 심하게 기침이 터지다가 잠잠해지면 그는 눈을 감고 숨을 내쉬었다. 나는 선생님이 기운을 차리실 때까지 조용히 앉아 있었다.

"테이프가 돌아가나?"

선생님은 눈을 감은 채 불쑥 말을 내뱉었다.

"네. 돌아갑니다."

나는 녹음 단추를 누르며 재빨리 대답했다.

"나는 지금 '경험에서 벗어나기'를 하고 있다네."

모리 선생님은 여전히 눈을 감은 채 말했다.

"벗어나기요?"

"그래. 벗어나기. 그건 아주 중요하다네. 나처럼 죽어가는 사람뿐만 아니라, 자네처럼 아주 건강한 사람한테도. 벗어나는 법을 배우라구."

선생님은 눈을 떴다. 그리고 숨을 내쉬고 말했다.

"불교도들이 뭐라고 하는지 아나? 세상 것에 매달리지 말아라, 영원한 것은 없으므로."

"하지만 선생님, 선생님은 늘 삶을 경험하라고 말하지 않았던가요? 좋은 감정이든 나쁜 감정이든 모두를."

내가 말했다.

"물론 그래."

"경험하라고 하면서 또 벗어나라고 하는 말은 도대체 어떻게 된 거죠?"

"음. 자네도 거기에 대해 생각을 하고 있었군. 하지만 벗어난다고 해서, 경험이 우리를 꿰뚫고 지나가지 못하게 한다는 뜻은 아니야. 반대로 경험이 자네를 온전히 꿰뚫고 지나가게 해야 하네. 그렇게 해야만 거기서 벗어날 수 있어."

"뭐가 뭔지 모르겠어요."

"어떤 감정이든 결코 그것에 초연할 수는 없어. 예를 하나 들어봄세. 어떤 여자를 사랑한다고 해보세. 혹은 사랑하는 사람을 잃고 슬퍼하는 감정이든, 지금의 나처럼 치명적인 병으로 인한 두려움과 고통이든 어쨌든 느낀다고 하세. 우리가 감정을 자제하면―즉 그 감정들이 자신을 온전히 꿰뚫고 지나가게 하지 못하면―겁내느라 정신이 없어지고 마네. 고통이 겁나고 슬픔이 겁나지. 또 사랑에 뒤따르는 약해지는 마음이 겁나네."

목이 마른지 물을 한 모금 마시며 그는 계속한다.

"하지만 이런 감정들에 온전히 자신을 던지면, 그래서 스스로 그 안에 빠져들도록 내버려두면, 그래서 온몸이 쑥 빠져들어가 버리면, 그때는 온전하게 그 감정들을 경험할 수 있네. 고통이 뭔지 알게 되지. 사랑이 뭔지 알게 되네. 슬픔이 뭔지 알게 되네. 그럼 그때서야 이렇게 말할 수 있지. '좋아. 난 지금껏 그 감정을 충분히 경험했어. 이젠 그 감정을 너무도 잘 알아. 그럼 이젠 잠시 그 감정에서 벗어날 필요가 있겠군'이라고 말이야."

모리 선생님은 말을 멈추고 나를 건너다보았다. 아마 내가 제대로 알아들었나 확인하기 위해서였을 것이다.

"이 이야기가 죽어가는 것 하고만 상관 있는 이야기라고 생각되겠지. 하지만 내가 지금껏 얘기해온 것과 비슷한 이야기야. 어떻게 죽어야 할지 배우게 되면, 어떻게 살아야 할지도 깨닫게 되지."

선생님은 가장 두려운 순간에 대해서 말했다.

숨을 들이쉬다가 가슴이 탁 막혀버리는 느낌을 맛볼 때, 혹은 다음 숨이 어디서 나올지 확신할 수 없을 때가 가장 무섭다고 했다.

그럴 때 처음 느껴지는 감정은 두려움, 공포, 초조함이라고 했다. 하지만 일단 이런 느낌과 감촉, 그 축축함과 오싹함이 머리에 확 솟아오름을 인식하고 난 후에는, "좋아. 그래 겁난다 겁나. 알았으니까 이제 여기서 빠져나가자. 빠져나가자구" 라고 말할 수 있다고 했다.

일상 생활에서도 이런 태도가 필요하다는 생각이 들었다. 우리는 얼마나 외로운가. 어떤 때는 눈물이 날 정도로 쓸쓸하지만, 울어선 안 되기 때문에 눈물을 흘리지 않는다. 혹은 상

대에게 사랑이 솟아남을 느끼면서도, 그렇게 말하면 관계가
변할까봐 두려워서 입을 꼭 다물어버린다.

모리 선생님의 접근법은 완전히 반대였다.

수도꼭지를 틀어놓고 감정으로 세수를 한다. 그렇게 하면
마음이 상하지 않는다. 도움이 되면 도움이 됐지.

두려움이 안으로 들어오게 내버려두면, 그것을 늘 입는 셔
츠처럼 입어버리면, 그러면 자신에게 이렇게 말할 수 있다.

"좋아. 이건 그냥 두려움이야. 요놈이 날 좌지우지하게 내버
려둘 필요는 없어. 요놈의 감정을 있는 그대로 보자구."

외로움에 대해서도 마찬가지다. 감정을 풀어놓고 눈물을 흘
리고 충분히 느껴라. 그러면 결국 이렇게 말할 수 있게 된다.

"좋아. 그건 내가 쓸쓸함을 느끼는 한 순간일 뿐이었어. 난
쓸쓸함을 느끼는 게 두렵지 않아. 하지만 지금은 옆으로 밀어
놓고, 이 세상에 있는 또 다른 감정을 맛봐야겠어. 다른 것들
도 경험해봐야지."

난 놀란 얼굴을 하고 그를 쳐다본다.

"벗어나라구."

모리 선생님은 다시 말했다.

그는 눈을 감고 기침을 해댔다.

그리고 또 기침을 해댔다.

또 더 크게 기침….

갑자기 가슴이 막히면서, 폐에 울혈 증상이 생겨 위로 올라오다가 떨어지면서 숨을 쉬지 못하게 하는 듯했다. 선생님은 내 앞에서 구역질을 하더니 심하게 마른 기침을 해댔고, 머리까지 마구 흔들렸다. 두 눈을 감고 양손을 저으면서. 거의 정신이 나간 듯했다.

나는 이마에 땀이 송송 솟는 기분이 들었다. 나도 모르게 선생님을 엎드리게 하고는 어깻죽지를 탁탁 치자, 그는 가래를 뱉어냈다.

기침이 멈추자, 그는 베개에 머리를 기대고 공기를 들이마셨다.

"괜찮으세요? 정말 괜찮으신 거예요?"

나는 공포심을 감추려 애쓰며 물었다.

"난… 괜찮아. 그저… 잠시 기다려주게."

선생님은 힘없이 손가락을 흔들며 소근댔다.

그의 호흡이 정상으로 돌아올 때까지 우리는 가만히 앉아 기다렸다.

머리통에서 땀이 솟는 기분이었다.

선생님은 내게 바람이 들어와 추우니 창문을 닫아달라고 했다. 나는 바깥 기온이 27도나 된다는 사실을 말하지 않았다.

마침내 속삭이는 소리로 선생님은 말했다.

"내가 어떻게 죽고 싶은지 아나?"

나는 침묵하며 기다렸다.

"평온하게 죽고 싶네. 평화롭게. 방금처럼 그렇게는 아니야. 벗어나기가 힘을 발휘하는 때는 바로 이때야. 방금처럼 기침을 해대다가 죽는다면, 난 그 두려움에서 벗어날 필요가 있어. 그럴 때 '지금 이 순간 나는 이 두려움에서 벗어나야 한다'고 말할 필요가 있지."

근심스런 내 얼굴을 보며 선생님은 말을 이어나갔다.

"공포 속에서 세상을 떠나고 싶지 않아. 무슨 일이 일어나는지 알고, 받아들이고, 평화로운 곳에 이르고, 놓여나고 싶네. 이해가 되나?"

나는 고개를 끄덕였다.

"하지만 아직은 놓여나지 마세요."

나는 재빨리 덧붙였다.

선생님은 억지로 웃었다.

"그래. 아직은 안 되지. 아직 우리에겐 해야 할 일이 남아 있으니까."

가젤 영양으로 다시 태어나고 싶어

"윤회를 믿으세요?"

내가 묻는다.

"그렇다고도 할 수 있지."

"그럼 뭘로 다시 태어나고 싶으세요?"

"내 마음대로 고를 수 있다면, 가젤 영양."

"가젤 영양이요?"

"그래. 정말 우아하잖아. 아주 빠르기도 하고."

"가젤 영양으로 태어나고 싶으시다구요?"

모리 선생님은 씩 웃는다.

"그게 이상한가?"

나는 그의 작아진 몸과 헐렁한 옷, 고무 받침대에 뻣뻣하게 얹혀진 채 양말이 신겨진 발을 본다. 족쇄를 찬 죄수처럼 움직이지도 못하는 다리…. 나는 사막을 뛰어다니는 가젤 영양을 머릿속으로 그려본다.

"아뇨, 하나도 이상하지 않아요."

나는 말한다.

모리 교수님의 삶

내가 아는 모리 선생님, 그리고 많은 사람이 아는 모리 교수님은 워싱턴 외곽에 있는 정신 병원에서 몇 년간 일하지 않았다면 지금과는 좀 다른 사람이 되었을 것이다. 엉뚱하게도 '밤나무집'이라는 평화로운 이름을 가진 정신 병원이 선생님의 첫 직장이었다. 그는 시카고 대학에서 열심히 공부하여 석사 학위와 박사 학위를 받은 후 이곳에서 처음 일자리를 얻었다. 의학과 법률, 경영학을 퇴짜놓다 보니, 타인을 착취하지 않고 헌신할 수 있는 유일한 분야인 연구하는 일에 투신하기로 결론을 내렸다.

그는 정신질환이 있는 환자들을 관찰하고 치료하는 과정을 기록하는 일을 맡았다. 오늘날에야 흔한 일이지만, 50년대 초반만 해도 이것은 낯선 분야였다. 그는 하루 종일 비명을 지르는 환자들을 관찰했다. 밤새 우는 환자들. 옷에 오줌을 싸는 환자들. 먹기를 거부해서 영양 주사를 맞고 약을 먹어야 되는 환자들.

한 중년의 여자 환자가 있었다. 그녀는 매일 방에서 나와 타일 바닥에 얼굴을 박고 엎드려 몇 시간이고 그대로 있었다. 의사나 간호사들은 그녀를 빙 돌아 지나갔다. 모리 선생님은 겁에 질려 지켜보았다. 그러면서 자기 직무인 관찰 기록을 계속해 나갔다. 매일 그 환자는 같은 일을 반복했다. 아침에 병실에서 나와 바닥에 엎드려서 저녁때까지 그대로 있었다. 다른 사람과 대화를 하지도 않았고, 모두 그녀를 못 본 체했다. 모리 선생님은 그것이 슬펐다. 그래서 그는 바닥에 함께 앉아 있기 시작했다. 옆에 엎드리기까지 하면서, 그녀를 비참한 상황에서 끌어내려 노력했다.

결국 그는 그 여자 환자를 앉혔고, 방으로 되돌려 보내기까지 했다. 그녀가 원했던 것은 많은 사람이 원하는 것과 똑같았다. 자기가 거기 있다는 것을 누군가 알아주는 것, 바로 그것이었다. 모리는 그걸 알게 되었던 것이다.

그는 '밤나무집'에서 5년간 일했다. 병원측에서는 내켜하지 않았지만, 몇몇 환자와 친구가 되기도 했다. 그중에는 "남편이 부자여서 병원비를 감당할 수 있는 덕에 내가 여기 있을 수 있으니 참 행복하다"고 농담하는 여자도 있었다. 그녀는 "싸구려 정신 병원에 있어야 한다면 어떻겠어요?"라고 했다.

또 누구한테나 침을 뱉곤 했던 어떤 여자는 모리를 좋아해서 '친구'라고 불렀다. 그들은 매일 이야기를 나누었는데, 병원 의료진은 누군가 그녀에게 접근할 수 있어서 안심했다. 그러던 어느 날 그녀가 달아나자, 모리는 그녀가 병원에 돌아오도록 도와달라는 요청을 받았다. 사람들이 근처 상점까지 추적하자 그녀는 상점 뒤에 숨었다. 모리가 상점에 들어가자, 그 환자는 성난 표정을 지었다.

"결국 당신도 그 사람들과 똑같군요."

그녀가 쏘아붙쳤다.

"그 사람들이라니 어떤 사람들 말입니까?"

"나를 가둔 간수들 말야."

모리는 관찰 결과, 환자 대부분이 거부당하고 무시받으며 살고 있음을 깨달았다. 그들은 자기 존재를 확인받지 못하며 살았던 것이다. 그들은 연민을 기대했지만, 의료진에겐 연민 따윈 없었다. 그리고 그들은 대개 부유한 가정 출신이 많았다. 부가 결코 행복이나 만족감까지 가져다주지는 못했다. 이것은 모리 선생님에게 영원히 잊혀지지 않는 교훈이 되었다.

✎ 나는 종종 선생님을 60년대에 머물러 산다고 놀리곤 했다. 그러면 그는 지금 우리가 사는 시대에 비하면 60년대

가 그리 나쁘진 않았다고 응수하곤 했다.

선생님이 정신 병원 현장에서 일한 후 브랜다이스 대학으로 왔을 때는 1960년대가 막 시작되기 직전이었다. 몇 년이 지나자 캠퍼스는 문화 개혁의 온상이 되었다. 마약과 섹스, 인종, 월남전 반대 등. 학생 운동을 했던 애비 호프먼은 브랜다이스 대학생이었다. 제리 루빈과 안젤라 데이비스 역시 마찬가지였다. 모리 선생님의 강의에는 '급진적인' 학생들이 여럿 출석했다.

사회학과 교수들이 단순히 강의만 하지 않고, 사회 참여를 하기 때문이라는 이유도 있었다. 예를 들면 극심한 반전 운동이 그랬다. 일정한 성적을 유지하지 못하는 학생은 군 소집 연기 대상이 되지 못하여 징병당한다는 사실이 알려지자, 교수들은 학생 전부에게 성적을 주지 않기로 결정했다. 그러자 학교 당국에서 "이 학생들에게 성적을 주지 않으면 모두 유급하게 된다"라고 하자, 모리 선생님은 해결책을 제시했다. "학생 전원에게 A를 줍시다." 그래서 교수진은 그렇게 했다.

캠퍼스에 60년대가 열리면서, 모리 교수님과 교직원도 청바지에 샌들 차림으로 출근하는 데서 시작해, 강의실을 살아 숨쉬는 곳으로 보는 열린 태도까지 취하게 되었다. 강의보다는 토론을, 이론보다는 경험을 선택했다. 학생들을 미국 최남부 지방으로 보내 인권조사를 시켰고, 도시 중심부의 저소득층

주거지로 보내 현장 연구를 시켰다. 워싱턴에 가서 반전 데모 행진을 했고, 모리 선생님도 자주 학생들과 버스를 타고 갔다. 한 번은 데모에 참가하러 가서, 플레어 스커트를 입고 평화를 상징하는 목걸이를 건 여성이 병사의 총에 꽃을 달아준 다음, 잔디밭에 앉아서 손에 손을 맞잡고 펜타곤(미국 국방성) 지붕을 날려버릴 듯 고함을 치며 반전 데모를 하는 광경도 목격했다.

"저쪽에서야 꿈쩍도 안 했지만, 시도해볼 만한 일이었지."

나중에 선생님은 그렇게 회고했다.

흑인 학생 무리가 브랜다이스 캠퍼스의 포드 홀을 점거한 일도 있었다. 그들은 '말콤 엑스 대학'이라고 적힌 휘장을 내걸었다. 포드 홀에는 화학 실험실이 있어서, 학교의 행정 담당자들은 급진파가 지하실에서 폭탄을 만들까 염려했다. 그러나 모리 선생님은 그들보다 현명했다. 그는 문제의 핵심을 꿰뚫어봤다. 인간은 누구나 자기가 중요한 존재임을 느끼고 싶어한다는 것을.

대치가 몇 주일이나 계속되었다. 모리 교수님이 건물 옆을 지날 때, 데모대 학생 한 명이 평소 좋아하는 교수인 그를 보자 창문으로 들어오라고 말하지 않았더라면 대치 상태는 좀더 오래 계속되었을 것이다.

한 시간 후, 모리 선생님은 데모대가 원하는 사항이 적힌 목록을 들고 창문 밖으로 기어나왔다. 그는 대학 총장에게 그 목록을 전했고 상황은 해결되었다.

모리 선생님은 늘 평화를 만들어냈다.

그는 브랜다이스 대학에서 사회심리학, 정신질환과 건강, 그룹 과정을 강의했다. 소위 '직업 훈련'이라는 것보다는 '개인 개발'을 중시하는 강의를 했다.

그런 이유 때문에, 경영대와 법대 학생들은 모리 교수님의 헌신적인 강의를 '멍청할 정도로 순진한 짓'으로 보았을지도 모른다. 그들에겐 그저 그의 제자들이 얼마나 돈을 많이 벌었나? 큰 소송에서 몇 차례나 이겼나?가 중요했을 테니까.

그런데 경영대나 법대 졸업생들은 졸업 후 자신들의 노은사를 몇 번이나 찾아뵐까? 모리 선생님의 제자들은 늘 그를 찾아왔다. 그리고 돌아가시기 전 몇 달 동안 수백 명도 넘는 제자가 보스턴에서, 뉴욕에서, 캘리포니아에서, 런던에서, 스위스에서 찾아왔다. 회사에서 일하다가, 혹은 도시 중심 빈민가 학교 프로그램을 주관하다가. 그들은 전화를 걸었고, 편지를 썼다. 또 한 번 찾아오기 위해 수백 마일을 운전했다. 한 마디 말과 한 번의 미소를 나누기 위해서….

"여지껏 제겐 선생님 같은 분은 없었어요"

모두들 그렇게 말했다.

마지막 떠남에 대하여

모리 선생님을 찾아뵈면서 나는 죽음에 대한 글을 읽기 시작해, 마지막 떠남에 대해 다른 문화권은 어떤 시각을 갖고 있는지 알아본다.

예를 들면, 북아메리카 극지방에 사는 어떤 부족은 지상에 사는 모든 것은 몸 안에 축소된 형태로 존재하는 영혼을 지닌다고 믿는다. 즉 사슴은 몸에 작은 사슴을 지니고 있으며, 사람은 몸에 작은 사람을 지니고 있다는 것이다. 따라서 커다란 몸은 죽지만 그 작은 형태는 계속해서 생존한다. 그러다가 그것은 자기 근처에서 태어나고 있는 것에 살짝 들어가거나, 잠깐 동안 하늘의 쉴 곳으로 올라가기도 한다. 그 쉴 곳이 바로 위대한 여성의 영혼이라는 자궁인데, 작은 형태는 달이 다시 지상에 내려보내줄 때까지 거기서 기다린다.

그들은 가끔 달이 새로운 영혼 때문에 몹시 바빠서 하늘에서 사라질 때도 있다고 한다. 밤에 달이 뜨지 않는 경우가 있는데 그때가 달이 바빠서 하늘에서 사라지는 때라는 것이다. 하지만 결국 달은 늘 돌아온다. 우리 모두가 그러듯.

그들은 그렇게 믿는다.

나이 드는 두려움

선생님은 병마와의 싸움에서 자꾸 졌다. 이제 그가 안 볼 때 우는 사람도 있었다.

그는 평소처럼 용감하게 받아들이며 상황에 맞섰다. 이젠 그가 소변기를 사용할 때 뒤에서 잡아주기만 해선 안 되었다. 그는 가정부 코니에게 마지막 한계에 이르렀음을 알렸다.

"내 대신 앞에서 소변기를 들어주는 게 난처할까, 코니?"

코니는 그렇지 않다고 했다.

선생님이 먼저 코니에게 묻는 것은 당연한 일이었다.

어떤 면에서 그것은 병에 완전히 굴복하는 것이므로, 익숙해지려면 시간이 걸린다는 것을 그는 인정했다. 이제 그는 가장 사적이고 기본적인 일까지 빼앗겼다. 화장실에 가는 것, 코를 푸는 것, 몸의 일부를 씻는 것까지. 숨쉬기와 음식 삼키기만 제외하면, 거의 모든 것을 타인에게 의지했다.

선생님께 그런 상황에서도 어떻게 긍정적인 태도를 유지할 수 있는지 물어보았다.

"미치, 좀 우습지. 난 독립적인 사람이라서 모든 것에 맞서 싸우는 게 기질에 맞는데. 차에서 부축을 받고 다른 사람 손에 옷을 입어야 되니…. 사실 전에는 약간 부끄러웠네. 우리 문화는 우리에게 뒤를 보고 스스로 처리하지 못하는 것은 부끄러운 일이라고 가르쳐주니까 말야. 하지만 그때 문득 이런 생각이 들더군. 문화가 뭐라 말하든 그건 잊어버리자. 난 평생 문화 따윈 무시한 사람이잖은가. 난 부끄러워하지 않겠어. 그게 뭐 대수야?"

"그런데 자네 아나? 정말 이상한 게 뭔지?"

"그게 뭔데요?"

"의존하는 걸 즐기기 시작했다는 점이야. 이젠 사람들이 날 옆으로 눕히고 짓무르지 말라고 크림을 엉덩이에 발라주는 게 즐겁단 말일세. 혹은 눈썹을 닦아주거나 다리를 마사지해주는 게 좋아. 난 그걸 만끽하지. 눈을 감고 거기에 빠지는 거야. 그럼 아주 익숙한 일로 여겨지거든."

그는 아주 기분 좋은 듯 말을 이어나갔다.

"아기로 되돌아간 것 같아. 누군가가 목욕을 시켜주고. 들어서 안아주고. 엉덩이를 닦아주고. 우리 모두 아기가 되는 것이 어떤지 잘 알잖아. 모두 자기 안에 그런 마음을 가지고 있지.

난 그걸 즐기는 방법을 기억해내고 있는 중이야."

난 너무나 놀라워 그분을 새삼스레 쳐다본다.

"어머니는 우리를 안아주고 흔들어주고 머리를 쓰다듬어주고…. 사실 어머니가 아무리 많이 해줬어도 부족하지. 우리에겐 어떤 식으로든 그 시절로 돌아가길 바라는 마음이 있네. 무조건적인 사랑, 무조건적인 보살핌을 받던 그 시절로 말일세. 우리 대부분은 충분히 받지 못했지. 내 경우 충분히 받지 못했다는 걸 알아."

선생님을 보면서, 갑자기 깨달았다. 내가 몸을 숙이고 마이크를 바로잡아주거나 몸에 손대는 것을 그가 왜 그리 즐거워했는지. 78살에, 선생님은 어른으로서 나눠주고 아기로서 받고 있었다.

그날 나중에 우리는 나이 드는 것에 대해 이야기했다. 아니 내 입장에서는 나이 드는 것에 대한 두려움에 대해서라고 하는 편이 낫겠다. 그것은 우리 세대가 고민하는 주제이다. 보스턴 공항에서 차를 타고 오면서, 젊고 잘생긴 사람들이 그려진 간판을 여러 개 봤다. 카우보이 모자를 쓴 미남 청년이 담배를 피우는 간판, 젊은 미인 둘이 샴푸병을 들고 미소짓는 간판, 야하게 생긴 10대 소녀가 청바지 지퍼를 열고 서 있는 간판, 검은 벨벳 드레스 차림의 섹시한 여인이 턱시도를 입은 남자 옆에서 스카치 잔을 들고 서 있는 간판….

35살이 넘는 모델은 단 한 사람도 없었다. 나는 모리 선생님에게 정상에 있으려고 필사적으로 버티지만 벌써 언덕을 넘어 내리막길에 들어선 기분이라고 말했다. 먹는 것을 조심하고. 거울 앞에서 머리가 얼마나 벗겨졌는지 점검하고. 젊었을 때는 자랑스럽게 나이를 말했는데 이젠 더 이상 나이 얘기를 꺼내지 않게 되었다고. 또 직업적으로 인기를 잃을까봐 사십줄에 가까워지는 것이 두렵다고.

그러나 선생님은 나이 먹는 것을 좀더 긍정적인 시각으로 바라봤다.

"세상 사람들은 젊음을 강조하지만 난 그렇게 생각하지 않아. 잘 들어보게. 젊다는 것이 얼마나 처참할 수 있는지 난 잘 알아. 그러니 젊다는 게 대단히 멋지다고는 말하지 말게. 젊은이들은 갈등과 고민과 부족한 느낌에 늘 시달리고, 인생이 비참하다며 나를 찾아오곤 한다네. 너무 괴로워서 자살하고 싶다면서…."

나는 그의 말을 들으면서 나의 생활을 떠올렸다.

그는 계속 말을 이어나갔다.

"그런데 젊은이들은 이런 비참함을 겪는 것으로도 모자라 아둔하기까지 하지. 인생에 대해 이해하지도 못하지. 어떻게 돌아가는지 모르는데 누가 매일 살아가고 싶겠나? 이 향수를 사면 아름다워진다거나 이 청바지를 사면 섹시해진다고 하면서 사람들이 조작해대는데 바보같이 그걸 믿다니! 그런 어처구니없는 일이 또 어디 있어."

"늙어가는 것이 두렵지 않으셨어요?"

"미치, 난 나이 드는 것을 껴안는다네."

"껴안아요?"

"아주 간단해. 사람은 성장하면서 점점 많은 것을 배우지. 22살에 머물러 있다면, 언제나 22살만큼 무지할 거야. 나이 드는 것은 단순히 쇠락만은 아니네. 그것은 성장이야. 그것은 곧 죽게 되리라는 부정적인 사실 그 이상이야. 그것은 죽게 될 거라는 것을 '이해'하고, 그 때문에 더 좋은 삶을 살게 되는 긍정적인 면도 지니고 있다구."

"네…. 하지만 나이 먹는 게 그렇게 귀중한 일이라면 왜 모두들 '아, 다시 젊은 시절로 돌아갔으면…' 하고 말할까요? 누구도 '빨리 65살이 되면 좋겠다'라고는 하지 않잖아요."

"그게 어떤 것을 반영하는지 아나? 인생이 불만족스럽다는 것을 적나라하게 보여주는 것이지. 성취감 없는 인생, 의미를 찾지 못한 인생 말야. 삶에서 의미를 찾았다면 더 이상 돌아가고 싶어하지 않아. 앞으로 나가고 싶어하지. 더 많은 것을 보고, 더 많은 일을 하고 싶어하지. 아마 65살이 되고 싶어 견딜 수 없을걸."

선생님은 미소지었다.

"잘 들어보게. 자넨 알아야 해. 젊은 사람 모두 알아야 한다구. 늘 나이 먹는 것에 맞서 싸우면, 언제나 불행해. 어쨌거나 결국 나이는 먹고 마는 것이니까."

"그렇군요."

"그런데, 미치?"

그는 갑자기 목소리를 낮췄다.

"사실, 결국 자네도 죽게 될 거야."

나는 고개를 끄덕였다.

"자네가 자신에게 뭐라고 얘기하든 끝내 그렇게 될 거야."

"네, 알아요."

"하지만 다행히 오랫동안, 아주 오랫동안은 그런 일이 없겠지."

그가 말했다.

선생님은 평화로운 표정으로 눈을 감고는, 머리를 괸 베개를 고쳐달라고 부탁했다. 편안한 자세를 유지하려면 계속 몸을 괸 쿠션 따위를 이리저리 움직여야 했다. 의자에는 흰 베개와 노란 고무 받침대, 파란 수건이 있었다. 그래서 언뜻 보면 선생님은 부치려고 싸놓은 수화물 같았다.

"고맙네."

내가 베개를 고쳐주자 그가 속삭였다.

"별것도 아닌데요 뭐."

"미치. 지금 무슨 생각을 하고 있지?"

나는 잠시 멈칫거리다 대답했다.

"선생님이 어떻게 더 젊고 건강한 사람을 부러워하지 않으시는지 궁금해요."

그는 눈을 감았다.

"아니, 부러워한다네. 젊고 건강한 사람들이 헬스 클럽에 가거나 수영을 하러 갈 수 있는 게 부럽지. 혹은 춤을 추러 가거나 하는 것이. 그래, 춤추러 갈 수 있는 것이 가장 부러워. 하지만 부러운 마음이 솟아오르면, 난 그것을 그대로 느낀 다음 놔버린다네. 내가 벗어나기에 대해 말했던 걸 기억하지? 놔버리는 거야. 그리고 스스로에게 이렇게 말해. '그건 부러운 마음이야. 이젠 이런 마음에서 벗어나야겠다.' 그런 다음 거기서 걸어나오는 거지."

선생님은 목구멍에 탁탁 걸리는 기침을 오래도록 하더니 입에 휴지를 대고 힘없이 침을 뱉었다. 그렇게 앉아 있으려니 나는 그분보다 훨씬 건강한 기분이 들었다. 선생님을 밀가루 부대처럼 어깨에 둘러멜 수 있을 것 같았다. 아주 이상한 기분이었다. 이런 우월감이 몹시 당황스럽게 느껴졌다. 건강하고 젊은 것 외에는 다른 어떤 면에서도 모리 선생님에게 우월감을 느끼지 못하는 나이기에.

"어떻게 질투가 나지 않으세요…."

"뭐라고?"

"내가?"

그는 슬며시 웃었다.

"미치, 늙은 사람이 젊은이들을 질투하지 않기란 불가능한 일이야. 하지만 자기가 누구인지 받아들이고 그 속에 흠뻑 빠져드는 것이 중요하지. 지금 자네는 30대를 살고 있지. 나도 30대를 살아봤어. 그리고 지금 나는 78살이 되는 때를 맞이했네."

선생님은 갑자기 진지한 표정을 지으며 말을 이었다.

"살면서 현재 자신의 인생에서 무엇이 좋고 진실하며 아름다운지 발견해야 되네. 뒤돌아보면 경쟁심만 생기지. 한데 나이는 경쟁할 만한 문제가 아니거든."

선생님은 숨을 내쉬고 눈을 내리깔았다. 마치 숨이 공중에 퍼지는 모습을 지켜보기라도 하는 것처럼.

"사실, 내 안에는 모든 나이가 다 있네. 난 3살이기도 하고, 5살이기도 하고, 37살이기도 하고, 50살이기도 해. 그 세월들을 다 거쳐왔으니까, 그때가 어떤지 알지. 어린애가 되는 것이 적절할 때는 어린애인 게 즐거워. 또 현명한 노인이 되는 것이 적절할 때는 현명한 어른인 것이 기쁘네. 어떤 나이든 될 수 있다는 것을 생각해보라구! 지금 이 나이에 이르기까지 모든 나이가 다 내 안에 있어. 이해가 되나?"

나는 고개를 끄덕였다.

"이런데 자네가 있는 그 자리가 어떻게 부러울 수 있겠나. 내가 다 거쳐온 시절인데?"

돈

여덟 번째 화요일

나는 선생님이 보실 수 있도록 신문을 눈 높이에 맞춰 들어드
렸다.

내 묘비에 "방송망을 소유하지 못했다"고 써 있지 않길
바란다.

그는 소리내어 웃더니 고개를 절레절레 흔들었다. 아침 햇
살이 창으로 들어와 그의 등과 창틀에 놓인 분홍빛 히비스키스
화분을 비추었다.

윗글은 억만 장자 언론왕으로 CNN을 설립한 테드 터너가,
회사 합병 거래에서 CBS 방송사를 얻지 못한 일을 속상해 하
면서 한 말이었다.

이날 아침 모리 선생님에게 이 기사를 가져온 이유는 숨쉬

기도 힘들고 몸은 돌처럼 변해가고 달력에서 하루하루가 지워지는 상황에서 선생님 같으면 방송사를 소유하는 일을 두고 진짜 울겠는지 궁금해서였다.

"미치, 이것도 이제껏 말한 것과 같은 문제네. 우리는 엉뚱한 데 가치를 두지. 그리고 그것은 몹시도 환멸스러운 삶으로 우리를 인도하네. 그 문제에 대해서 이야기하고 싶은데."

오늘 그는 대화에 집중할 수 있었다. 이즈음에는 컨디션이 좋은 날도 있었고 나쁜 날도 있었다.

선생님은 이날 컨디션이 아주 좋았다.

전날 그 지역의 아카펠라 그룹이 선생님댁에 와서 공연을 했다. 선생님은 마치 유명한 아카펠라 그룹인 '인크 스포츠'라도 다녀간 것처럼 흥분해서 그 이야기를 들려주었다.

그는 병이 나기 전에도 음악을 대단히 좋아했는데, 이제는 그 좋아하는 마음이 한층 더 커져서 음악을 들으면서 눈물짓곤 했다. 선생님은 밤이면 가끔 오페라를 들으면서 눈을 감고, 그 웅장한 목소리들이 오르내리는 리듬에 몸을 내맡겼다.

"미치, 자네도 어젯밤에 와준 아카펠라 그룹의 노래를 들어봐야 했는데. 얼마나 소리가 좋던지!"

선생님은 늘 노래와 웃음, 춤 같은 소박한 즐거움에 도취되는 분이었다.

이제 그 어느 때보다도 그에게 물질은 무의미했다. 흔히 죽을 때 '아무 것도 가져가지 못한다'고 한다. 모리 선생님은 그것을 오래 전에 알았던 듯했다.

"우리 나라에서는 일종의 세뇌 같은 것을 받게 되지. 사람들을 어떻게 세뇌하는지 아나? 계속 똑같은 말을 반복하게 하는 거야. 이 나라에서도 그런 식으로 사람들을 세뇌시키네. 물질을 소유하는 게 좋다. 돈은 더 많을수록 좋다. 더 많은 것이 좋다! 더 많은 것이 좋다! 우리는 계속해서 그걸 반복하지. 또 그 소리가 우리에게 그것을 반복하도록 하네. 그러다가 결국 아무도 다르게 생각할 수 없게 되네. 보통 사람은 이 모든 것에 눈이 멀게 되지. 그래서 진짜 중요한 게 뭔지 아무도 생각하지 못하게 되네."

선생님은 내가 자신의 말을 이해하고 있는지 살피며 다음 말을 이어나갔다.

"사는 동안 어디를 가든 새 것을 움켜쥐고 싶어하는 사람들을 만나게 되네. 새 차를 사려고 아둥바둥하고. 부동산을 새로 구입하려고 애를 쓰고. 최근에 나온 장난감을 움켜쥐고선, 그들은 '내가 뭘 가지고 있는지 알아요? 내가 뭘 샀는지 알아요?'라고 자랑하고 싶어 입이 근질근질하지."

내 생활이 생각나서, 난 갑자기 부끄럽다는 생각이 들었다.

"내가 그 말들을 어떻게 해석하는지 아나? 이 사람들은 사랑에 너무 굶주려서 그 대용품을 받아들이고 있구나. 저들은 물질을 껴안으면서 일종의 포옹 같은 것을 기대하고 있구나. 하지만 그런 식으로 해서 될 리가 있나. 물질이 사랑이나 용서, 다정함, 동료애 같은 것을 대신할 수는 없는데…."

나는 나도 모르는 사이에 고개를 끄덕이고 있었다.

"돈이 다정함을 대신할 수는 없네. 그리고 권력도 다정함을 대신할 수는 없지. 분명히 말할 수 있네. 이렇게 앉아서 죽어갈 때 가장 절실하게 필요한 것은 돈으로도 권력으로도 해결되지 않네. 아무리 돈과 권력이 많아도, 이렇게 죽어갈 때 필요한 감정을 거기서 얻을 수는 없네."

나는 선생님의 서재를 둘러보았다.

첫날 여기 왔을 때와 달라진 것이 없었다.

서가에는 그대로 책이 꽂혀 있었다. 낡은 책상에는 종이가 흩어져 있었고. 방 바깥도 손을 보거나 나아진 것이 없었다.

사실 선생님은 새로 사들이는 게 아무 것도 없었다. 의료 기구를 제외하면 말이다.

아마 몇 년 밖에 살 수 없다는 시한부 선고를 받은 그날 이후로 선생님은 뭔가를 사는 데 흥미를 잃었을 것이다.

그래서 텔레비전도 똑같은 구모델이었고, 샬럿이 모는 차도 같은 구모델이었다. 또 그릇과 은식기와 수건도 다 전에 쓰던 것이었다.

하지만 집은 기가 막히게 변했다. 거기에는 사랑과 가르침과 친밀한 관계가 넘쳐났다. 우정과 가족과 정직함과 눈물이 넘쳐났다. 동료와 제자들과 명상 선생님들과 치료사들과 간호사들, 아카펠라 그룹이 집을 가득 메웠다. 정말이지 부유한 가정이 되었다. 선생님의 은행 계좌는 빠른 속도로 바닥을 드러냈지만.

"이 나라에선, 우리가 원하는 것과 우리에게 필요한 것 사이에 큰 혼란이 일어나고 있네. 음식은 우리에게 꼭 필요한 것이지만, 초콜릿 아이스크림은 우리가 원하는 기호식품일 뿐이야. 자신에게 정직해야 하네. 최신형 스포츠 카는 필요치 않아. 굉장히 큰 집도 필요없고."

그는 한참 동안이나 나를 우수어린 시선으로 쳐다보았다.

"사실 그런 것만으로는 만족을 얻을 수 없네. 자네에게 진정으로 만족을 주는 게 뭔지 아나?"

"뭐죠?"

"자네가 줄 수 있는 것을 타인에게 주는 것."

"꼭 보이스카웃 같네요."

"돈 얘기를 하는 게 아니라구, 미치. 시간을 내주고 관심을 보여주고. 이야기를 해주고…. 그것이 생각만큼 그렇게 어려운 일은 아니네. 이 부근에 노인 회관이 있는데, 노인 수십 명이 매일 그곳에 나온다네. 기술이 있는 젊은 사람이 노인 회관에 와서 가르쳐주면 대환영이지. 자네가 컴퓨터에 대해 잘 안다고 하자구. 그럼 거기 가서 노인들에게 컴퓨터를 가르치게. 대단히 좋아할 거야. 그리고 무척 고마워할 거야. 존경은 그렇게 자기가 가진 것을 내줌으로써 받기 시작하는 거야."

"그런 건 어떻게 시작해야 하나요?"

"그렇게 할 만한 곳은 많네. 대단한 재능 따윈 없어도 괜찮아. 병원과 보호소에는 말동무가 필요한 외로운 사람들이 많네. 외로운 노인과 카드 놀이를 하면, 새로이 자기에 대한 존경심이 생기지. 왜냐면 누군가 자기를 필요로 하니까 말야."

"그렇군요."

나는 착한 학생처럼 고개를 끄덕인다.

"의미 있는 삶을 찾는 것에 대해 얘기한 것 기억하나? 적어두기도 했지만, 암송할 수 있네. 사랑하는 사람들을 위해서 자신을 바쳐라. 자기를 둘러싼 지역 사회에 자신을 바쳐라. 그리고 자기에게 목적과 의미를 주는 일을 창조하는 데 자신을 바쳐라."

선생님은 빙긋 웃으며 다음 말을 덧붙였다.

"거기엔 돈 따위가 끼여들 틈이 없다는 걸 알겠지?"

나는 모리 선생님의 말을 노란 편지지에 받아적었다. 선생님이 내 눈을 보는 게 싫어서.

대학 졸업 후, 그가 못마땅해 하는 그런 것들—자동차와 같은 더 큰 장난감, 더 좋은 집 따위—을 추구하며 살았던 일을 선생님한테 들키고 싶지 않았으므로.

유명한 부자 운동선수들 사이에서 일하면서, 그들에 비하면 내 욕망은 오히려 현실적이라고, 내 탐욕은 별 것 아니라고 확신하며 살았던 내가 아닌가.

그런 내 생각은 연막에 불과했다. 모리 선생님은 그 점을 분명하게 해주었다.

"미치, 만일 저 꼭대기에 있는 사람들에게 뽐내려고 애쓰는 중이라면 관두게. 어쨌든 그들은 자네를 멸시할 거야. 그리고 바닥에 있는 사람들에게 뽐내려 한다면 그것도 관두게. 그들은 자네를 질투하기만 할 테니까. 어느 계층에 속하느냐로는 해결이 되지 않아. 열린 마음만이 자네를 모든 사람 사이에서 동등하게 해줄 걸세."

그는 말을 멈추고, 나를 바라보았다.

"난 지금 죽어가고 있어, 맞지?"

"네."

"내가 다른 사람의 고민을 듣는 일이 왜 그렇게 중요하다고 생각하나? 내 고통과 아픔만으로도 충분한 이 마당에? 물론 내 고통만으로도 충분하지. 하지만 타인에게 뭔가를 주는 것이야말로 내게 살아있다는 기분을 느끼게 해주지. 자동차나 집은 그런 느낌을 주지 않아. 거울에 비친 내 모습으로는 그런 느낌을 받지 못해. 내가 그들을 위해 시간을 할애할 때, 그들이 슬픈 감정을 느낀 후에 내 말을 듣고 미소지을 때, 그럴 때의 느낌은 건강할 때의 느낌과 거의 비슷하네."

"그렇군요."

"마음속에서 우러나는 일들을 하라구. 그런 일들을 하게 되면 절대 실망하지 않아. 질투심이 생기지도 않고. 다른 사람의 것을 탐내지도 않게 되지. 오히려 그들에게 베풂으로써 나에게 되돌아오는 것들에 압도당할 거야."

선생님은 기침을 한참 하고 난 후, 의자에 놓인 작은 종에 손을 뻗었다. 그가 몇 차례 헛손질을 하자, 나는 종을 집어 손에 쥐어주었다.

"고맙네."

그는 이렇게 속삭이고는, 코니를 부르려고 힘없이 종을 흔들었다.

"이 테드 터너라는 사람 말이야. 정말 자기 묘비의 글로 이것 말고 다른 문장은 생각할 수 없었을까?"

사랑의 지속

아홉 번째 화요일

웨스트 뉴턴으로 들어가는 길의 나뭇잎의 빛깔이 바뀌기 시작
했다. 차를 몰고 들어가노라면 황금빛과 초록색의 초상화 속
으로 빨려드는 듯했다.

디트로이트에서는 노동 쟁의가 지지부진했다. 노사 양측이
대화로 문제를 풀어가지 못하는 데에 대한 책임을 서로에게 떠
넘겼다.

텔레비전 뉴스 역시 실망스러웠다. 켄터키 주 어느 시골에
서는 세 사람이 다리 너머로 묘비를 내던져서 지나가던 자동
차의 앞유리가 부서지는 바람에, 가족과 순례 여행중이던 10
대 소녀가 죽었다. 그리고 캘리포니아에서는 O.J. 심슨 재판
이 결론을 향해 치닫고 있었고, 온 나라가 거기에 빠진 것 같
았다. 공항에서도 텔레비전 채널은 CNN으로 고정되어 있어
서, 비행기를 타러 가는 사람들에게 심슨 사건의 속보를 알려

주었다.

나는 스페인에 있는 동생과 연락을 취하려고 몇 번이나 전화를 걸었다. 진심으로 대화하고 싶다고, 우리에 대해 많은 생각을 하고 있다고 메모를 남겨놓았다. 동생은 몇 주일 후, 모든 일이 잘되고 있으며 미안하지만 병에 대해서는 이야기하고 싶지 않다는 짧은 메모를 남겨놓았다.

내 노은사는 병이 더욱 심해진 정도가 아니라, 병 자체에 침식당하는 상황이었다.

지난 번에 다녀온 이후, 간호사가 그의 페니스에 도뇨관을 삽입시켜서, 소변이 튜브를 지나 의자 옆에 놓인 주머니로 들어갔다. 그의 다리는 계속해서 운동시켜줘야 했고(루게릭 병의 지독한 아이러니 중의 하나는 사지를 움직이지 못하게 된 상황에서도 통증은 여전히 느껴진다는 사실이다), 다리가 고무 받침대에 딱 맞게 놓이지 않으면 누가 포크로 찌르는 것처럼 아파했다.

모리 선생님은 대화 중간에 손님에게 다리를 들어서 움직여달라거나, 머리가 베개에 편안히 놓이도록 옆으로 해달라고 부탁하곤 했다.

자기 머리도 마음대로 움직일 수 없는 상황을 상상이나 할 수 있는가?

매번 찾아갈 때마다 선생님은 의자에 점점 녹아드는 듯, 등뼈가 의자 모양대로 굽는 것처럼 보였다. 그러나 그는 매일 아침 침대에서 일어나 휠체어를 타고 서재로 가서, 책과 서류와 창틀에 놓인 히비스커스 화분에 파묻혀 있고 싶어했다. 선생님답게 이런 분위기에서 철학적인 뭔가를 발견해내곤 했다.

"최근에 생각해낸 아포리즘을 정리했는데 말이지."

그가 말했다.

"말씀해주세요."

"침대에 누워 있는 것은 죽어 있는 것."

그는 씩 웃었다. 모리 선생님만이 그런 이야기를 하고서 웃을 수 있으리라.

'나이트라인' 제작진과 테드 코펠이 선생님께 여러 차례 전화를 걸어왔다.

"여기 와서 인터뷰를 또 하고 싶다는군. 하지만 기다려보고 싶다는데."

"뭘 기다린대요? 선생님이 마지막 숨을 멈출 순간을 기다린대요?"

"아마 그렇겠지. 어쨌든 그날이 별로 멀지 않았으니까."

"그렇게 말씀하지 마세요."

"미안하네."

"선생님이 힘이 다 빠질 때까지 기다린다는 저쪽 생각이 맘에 걸려요."

"자네가 나를 위해서 경계를 하니까 더욱더 마음에 걸리는 게지."

그는 미소지으며 말을 이었다.

"미치, 그들은 드라마틱한 쇼를 위해 나를 이용하지. 하지만 그것도 괜찮아. 어쩌면 나도 그들을 이용하고 있으니까. 그들은 내가 하고 싶은 말을 수백만 명에게 하도록 도와주잖나. 그들의 도움이 없으면 난 그렇게 할 수 없었을 거야, 안 그래? 그러니까 이건 공모라구."

그는 계속 기침을 해댔다. 오랫동안 목에서 그렁그렁 하는 소리가 나더니, 결국 휴지에 가래를 뱉어냈다.

"어쨌거나 너무 오래 기다리지 않는 게 좋을 거라고 말했네. 곧 목소리가 안 나오게 될 테니까. 요놈의 병이 폐까지 올라오면, 말을 하지 못하게 될 거야. 지금도 말하는 중간중간 쉬어야 될 정도니까. 벌써부터 만나고 싶어하는 사람들과의 약속을 많이 취소했네. 그런 사람이 아주 많거든. 하지만 난 너무 피곤해. 상대방에게 제대로 주의를 기울일 수 없으면 도와줄 수 없잖나."

나는 녹음기를 바라보았다. 선생님에게 남은 귀한 시간을 훔치고 있는 것 같아 죄책감이 느껴졌다.

"그만할까요? 너무 피곤하시죠?"

선생님은 눈을 감고 머리를 저었다. 말없이 고통이 지나기기를 기다리는 것 같았다. 마침내 그가 입을 열었다.

"아니, 자네랑 나랑은 계속해야지. 이건 우리의 마지막 논문이잖나."

"우리의 마지막 논문…."

"제대로 해야지."

대학 시절 우리가 함께 만든 첫번째 논문에 대해 생각했다. 물론 그것도 모리 교수님의 생각이었다. 그는 내게 우수 논문에 도전할 만하다고 했다. 그것은 내가 전혀 생각하지 못했던 일이었다.

우린 지금 과거에 했던 논문 쓰기와 똑같은 일을 한 번 더 하고 있었다. '죽어가는 사람이 살아 남을 사람과 대화하면서, 살아 남을 사람이 알아야 할 사항을 말한다'라는 생각을 가지고서. 이번 만큼은 서둘러 끝내고 싶지 않았다.

"어제 누군가 내게 흥미로운 질문을 던지더군."

선생님은 내 어깨 너머로 벽걸이를 보면서 말했다. 그것은 친구들이 그의 70번째 생일에 직접 바느질해서 만들어준 희망의 말이 담긴 퀼드였다. 천조각 하나하나에 다른 메시지가 담겨 있었다.

꿋꿋하게 그 길로 계속 가게. 아직 정상에 도달한 것은 아니라구, 모리. 정신 건강은 항상 넘버 원!

"무슨 질문인데요?" 내가 물었다.

"죽은 후에 잊혀질까봐 걱정스럽냐더군."

"그래요? 그런가요?"

"그렇지는 않을 것 같아. 내겐 친밀한 감정을 느끼는 사람이 참 많네. 그리고 사랑이란 우리가 이 세상을 뜬 후에도 그대로 살아있는 방법이지."

"꼭 노래 가사 같네요. 사랑은 살아있는 방법이라네."

선생님은 소리내어 웃었다.

"그럴지도 몰라. 하지만 지금 우리가 하고 있는 게 그런 거지? 자넨 집에 돌아가서 내 목소리를 듣지? 혼자 있을 때? 어쩌면 비행기에서? 자동차에서?"

"네."

나는 인정했다.

"그러면 내가 세상을 뜬 후에도 자네는 날 잊지 않을 거야. 내 목소리를 생각하게. 그럼 내가 거기 있을 테니까."

"선생님 목소리를 생각하라구요?"

"그리고 혹시 울고 싶으면 울게. 그것도 괜찮은 방법이야."

모리 선생님. 내가 대학에 입학한 이후, 선생님은 날 울게 하고 싶어했다. "언젠가 내가 자넬 울게 만들 거야." 선생님은 늘 그렇게 말하곤 했는데.

그러면 나는 "네, 제발 그렇게 하세요"라고 대답하곤 했다.

~~~~~~ "묘비에 뭐라고 적으면 좋을지 결정했네."

선생님이 말했다.

"묘비 얘기 같은 건 듣고 싶지 않은데요."

"왜? 마음이 초조해지나?"

나는 어깨를 으쓱했다.

"그럼, 그 얘긴 관두지 뭐."

"아니예요. 말씀해보세요. 뭐라고 쓰실 거예요?"

선생님은 입술을 지그시 깨물고서 대답했다.

"이런 글귀를 생각했네. 마지막까지 스승이었던 이."

그는 내가 그 말을 마음에 새길 때까지 기다렸다.

"마지막까지 스승이었던 이."

"괜찮지?"

"네, 아주 좋은데요."

~~~~~~ 선생님은 항상 내가 방에 들어설 때마다 환하게 미소지어 주셨다. 그런 미소를 받을 때마다 나는 기쁨으로 충만됨을 느꼈다. 선생님은 많은 사람을 그렇게 맞아주지만, 각자 자기만 그런 함박웃음을 받는다고 생각하게 만드는 비상한 재주도 가지고 계셨다.

"야아, 내 친구가 납시셨군."

그는 나를 보면 밝고 기분 좋은 목소리로 말하곤 했다. 그리고 그런 태도는 인사말과 함께 끝나는 게 아니었다. 선생님은 누구와 함께 있으면 완전히 그와 함께였다. 눈을 똑바로 응시하고, 세상에 오직 그밖에 없는 것처럼 이야기를 들어주었다. 매일 아침 처음 만나는 사람이 이런 태도로 대해준다면 세상 사람들은 훨씬 나은 삶을 살 수 있을 텐데. 식당 여종업원이나 버스 기사, 상사가 투덜대는 꼴을 더 이상 안 당하고….

"나는 온전히 함께하는 시간이 있다고 믿네. 그것은 함께 있는 사람과 정말로 '함께' 있는 것을 뜻해. 지금 자네와 이야기를 하고 있을 땐, 난 계속 우리 사이에 일어나는 일에만 신경을 쓰려고 애쓰네. 지난 주에 나눴던 이야기는 생각하지 않아. 이번 금요일에 일어날 일에 대해서도 생각하지 않아. 코펠과 인터뷰를 할 일도 생각하지 않고. 혹은 먹어야 되는 약 생각도 안 해. 나는 지금 자네와 이야기를 하고 있어. 오직 자네 생각만 하지."

브랜다이스 대학 시절, 선생님이 그룹 과정 시간에 이런 생각들을 가르치곤 했던 일이 기억났다. 당시 나는 이런 생각에 콧방귀를 꿰었다. 대학에 뭐 이런 수업이 다 있나 하고. 주의를 집중하는 법을 배운다고? 그게 얼마나 중요하길래? 한데 지금 나는 그것이 대학에서 배운 모든 것보다 더 중요하다는 것을 안다.

모리 선생님이 내 손을 가리키자 나는 손을 내밀면서, 죄책감이 밀려드는 기분을 느꼈다. 여기, 숨을 쉬면서 숫자를 헤아리고 쇠락해가는 몸을 느끼며 자기 연민에 빠져 살 수도 있는 한 사람이 있었다. 그보다 훨씬 사소한 고민을 가진 사람들은 자기 생각에만 빠져서, 상대방이 30초가 넘게 이야기를 하면 눈을 딴 데로 돌린다. 벌써 마음속으로는 딴 생각을 한다. 친구한테 전화를 걸어야지, 팩스를 보내야지, 또 애인 생각도 하면서. 그들은 상대방이 이야기를 마칠 때만 관심을 기울이면서 "그렇지" "그래, 정말이야"라고 거짓으로 관심 있게 듣는 체하는데.

"미치, 누구나 너무 서두른다는 것도 문제는 문제라구. 사람들은 인생에서 의미를 찾지 못해서, 맨날 그것을 찾아뛰어다니지. 그들은 다음에 살 차, 다음에 살 집, 다음에 들어갈 직장 생각을 해. 그리고 그런 것들 역시 공허하다는 사실을 깨닫게 되면, 또 계속 뛰는 거야. 다음 것을 찾아서."

"일단 뛰기 시작하면, 속도를 늦추기가 힘들어요."

내가 말했다.

"하지만 그렇게 어렵지도 않아. 내가 어떻게 하는지 알아? 아직 운전할 수 있었을 때 얘기지만, 누군가 도로에서 내 앞으로 끼여들고 싶어하면 나는 손을 들어줬어…."

그는 손을 들어보이려 했지만, 힘없이 손이 툭 떨어진다.

"…손을 들어주곤 했어. 마치 안 된다는 손짓처럼. 그러다가 손을 흔들며 웃는 거야. 그들에게 손가락질을 하기보다는 그냥 앞으로 끼워주고 웃지."

나는 장난스런 그분의 모습이 눈에 보이는 듯해 미소지었다.

"그럼 어떻게 되는지 알아? 대부분은 상대방도 나를 따라 미소짓더라구. 사실, 난 별로 서둘러 차를 몰 필요가 없는 사람이야. 차라리 내 에너지를 사람들에게 쏟아붓고 싶어."

선생님은 내가 아는 누구보다도 사람에게 에너지를 퍼붓는 사람이었다.

그와 함께 앉아 있어 본 사람은 끔찍한 이야기를 해주면 선생님의 눈에 눈물이 어리고, 정말 재미있는 이야기를 해주면 기쁨으로 얼굴이 환해지는 것을 볼 수 있었다. 그는 늘 감정을 한껏 펼쳐보일 준비가 되어 있었다. 그것은 베이비붐 세대는 결코 가지지 못한 태도였다.

우리는 고작 "무슨 일을 합니까?" "어디에 살지요?" 정도의 대화를 한다. 하지만 물건을 팔거나, 직원을 고르거나, 어떤 지위에 올라가려고 할 때를 제외하면, '진짜로' 남의 이야기를 들어주는 것이 얼마나 귀한 일이 됐는가?

지난 몇 달 동안 모리 선생님을 찾아온 사람들은 그에게 마음을 써주려고 온 게 아니라, 그가 써주는 마음에 끌려서 찾아왔다. 당신의 통증과 쇠락에도 불구하고, 이 조그만 노인은 사람들이 들어주기 바라는 이야기에 귀를 기울여주었다.

나는 누구나 선생님 같은 아버지가 있었으면 하고 바란다는 이야기를 했다.

"글쎄, 나도 그 방면에는 경험이 좀 있지…."

선생님은 눈을 감았다.

모리 선생님이 아버지를 마지막으로 본 것은 뉴욕 시체 안치소에서였다.

찰리 슈워츠는 브롱크스의 트레몬트 가에 나가서 홀로 가로등 불빛에 신문 읽기를 즐기는 조용한 사람이었다.

모리가 어렸을 때 매일 밤, 찰리는 저녁 식사 후면 산책을 나갔다. 그는 자그마한 러시아인으로, 불그레한 안색에 잿빛 머리칼이 덥수룩했다.

모리와 동생 데이비드는 창 밖을 통해 가로등에 기대어 선 아버지를 내다보곤 했다. 그럴 때면 모리는 아버지가 집에 들어와서 자기들에게 말을 걸어주길 바랐지만, 아버지는 한 번도 그러지 않았다. 그는 자식들을 끌어안지도, 잘 자라고 키스해주지도 않는 사람이었다.

모리는 자식을 낳으면 꼭 그렇게 해주겠다고 늘 맹세했다. 그리고 나중에 자식이 생기자, 그는 자식을 끌어안고 키스해주는 아버지가 되었다.

한편 모리가 자식을 키우는 동안에도 아버지 찰리는 여전히 브롱크스에 살고 있었다. 그는 여전히 산책을 즐겼고, 여전히 신문을 읽었다.

어느 날 밤, 저녁 식사 후 찰리는 밖으로 나갔다. 집에서 몇 구역 떨어진 곳에서 강도 두 명이 그에게 말을 걸어왔다.

"있는 돈 다 내놔."

한 명이 총을 들이대면서 말했다.

겁에 질린 찰리는 지갑을 던져주고 뛰기 시작했다. 마구 달려 친척집 계단에 닿자마자 그는 현관에 쓰러졌다.

심장마비였다. 그날 밤 그는 죽었다.

모리는 시신을 확인하라는 전화를 받았다.

그는 뉴욕으로 날아가 시체 안치소로 갔다. 아래층으로 내려가자, 시신이 안치된 싸늘한 방이 나왔다.

"부친입니까?"

직원이 물었다.

모리는 유리 저편에 있는 시신을 보았다.

그를 꾸짖고, 인격을 형성하게 해주고, 일하도록 가르쳐준 사람. 모리가 말해주기를 간절히 바랐을 때 입을 꾹 다물었던 사람. 모리가 어머니에 대한 추억을 나누고 싶었을 때 어머니에 대한 기억을 삼켜버리라고 말했던 바로 그 사람을.

모리는 고개를 끄덕인 후, 그 방을 걸어나갔다.

나중에 그는 말했다. 그 무서운 방은 다른 모든 것을 앗아가 꼼짝도 하지 못하게 만들었다고.

그는 며칠 후에야 울음을 터뜨렸다.

그러나 아버지의 죽음은 모리에게 죽음을 준비하도록 도와주었다. 그는 포옹과 키스와 대화와 웃음과 작별 인사를 못하고 떠나는 일은 없어야 한다고 생각했다. 아버지와 어머니가 그에게 해주지 않고 떠나버린 것들이기에.

마지막 순간이 가까워지자, 모리 선생님은 사랑하는 이들을 모이게 해서 알려주고 싶었다. 갑자기 전화나 전보를 받고 죽음을 아는 일은 없게 하고 싶었다. 더군다나 춥고 낯선 지하실에서 유리창으로 주검을 확인하는 일 따윈 없도록.

"매일 밤 잠자리에 들 때면 나는 죽는다.
그리고 다음 날 아침 잠에서 깨면, 나는 다시 태어난다."
―마하트마 간디

데사나 부족 이야기

남미의 우림 지역에는 데사나라는 부족이 산다. 이들은 세상의 모든 피조물 사이에 흐르는 에너지의 양은 고정되어 있다고 믿는다. 그러므로 모든 탄생은 사망을 낳고, 모든 사망은 탄생을 가져온다. 이런 식으로 세상의 에너지는 동일하게 유지된다.

데사나 부족은 식량을 얻기 위해 사냥할 때 자신이 죽이는 동물이 영혼의 우물에 구멍을 남긴다고 생각한다.

하지만 그들은 데사나 사냥꾼이 죽으면 그의 영혼이 그 구멍을 메운다고 믿는다. 따라서 죽는 사람이 없으면, 새나 물고기가 태어나지 않는다고 생각한다.

난 이런 생각이 마음에 든다. 모리 선생님도 데사나 부족 이야기를 마음에 들어한다.

그는 작별 시간이 가까워질수록, 더욱 우리 모두가 같은 숲에 사는 피조물이라고 느끼는 듯하다.

우린 떠나면서 그 자리를 다시 채워야 한다.

"공평한 일이야."

선생님은 그렇게 말한다.

결혼

열 번째 화요일

모리 선생님이 만나고 싶어하는 사람을 데리고 갔다. 바로 내 아내 제닌.

선생님은 내가 찾아간 첫날부터 쭉 "언제 제닌을 만나지?" "언제 자네 아내를 데려올 거야?"라고 물었다. 하지만 난 계속 이런저런 핑계를 댔다.

다시 선생님을 뵙기 며칠 전 선생님댁에 전화를 걸었다.

모리 선생님이 전화를 받기까지 한참 시간이 걸렸다. 그리고 통화가 됐을 때, 누군가 그의 귀에 수화기를 대주고 있음을 알 수 있었다. 선생님은 직접 수화기를 들지 못할 지경이 되었던 것이다.

"여여여보세요."

그는 숨가쁘게 말했다.

"괜찮으세요, 코치?"

그가 숨을 내쉬는 소리가 전화선을 타고 들려왔다.

"미치… 자네 코치는… 그다지 멋진 시간을 보내지 못하고 있네…."

잠자는 시간이 점점 힘들어지고 있었다. 이제 거의 밤마다 산소가 필요했고, 겁날 정도로 기침이 쏟아졌다. 한 번 기침이 시작되면 한 시간도 넘게 계속되어, 선생님 본인도 기침을 멈출 수 있을지 알지 못할 정도였다.

그는 늘 병이 폐까지 올라오면 죽을 거라고 말했다. 나는 죽음이 가까이 왔음을 깨닫고 몸을 떨었다.

"화요일에 뵈러 갈게요. 그때는 한결 좋아지실 거예요."

"미치."

"네."

"거기 자네 부인이 함께 있나?"

그녀는 내 곁에 앉아 있었다.

"전화 좀 바꿔주게. 그녀의 목소리를 듣고 싶구만."

나는 나보다 훨씬 상냥한 여성과 결혼하는 축복을 누렸다. 아내는 모리 선생님과 모르는 사이면서도 수화기를 건네받았다. 나 같으면 머리를 흔들면서 "나 여기 없다고 해요! 난 여기 없는 거예요!"라고 속삭였을 텐데. 그리고 1분쯤 후, 그녀는 내 노은사가 마치 자기 대학 때 선생님인 것처럼 다정한 사이가 되었다. 들리는 소리는 그저 "네에… 그이한테 말씀 많이 들었어요… 아, 감사합니다….” 정도였지만, 둘 사이의 감정을 느낄 수 있었다.

전화를 끊자 그녀는 말했다.

“여보, 다음 번 선생님을 찾아뵐 때 나도 함께 갈 거예요.”

그리고 정말 그렇게 되었다.

지금 우리는 선생님 서재에 앉아 있었고, 그는 뒤로 젖혀지는 의자에 쏙 들어가 있었다. 선생님은 본인도 인정하다시피 악의 없이 시시덕거렸고, 기침을 하거나 변기를 쓰려고 말을 멈춘 동안에는 함께 있는 제닌을 위해 힘을 비축하는 듯했다. 선생님은 아내가 가져간 우리의 결혼 사진을 보았다.

“디트로이트 출신인가요?”

모리 선생님이 물었다.

“네.”

제닌이 대답했다.

“40년대 후반에 디트로이트에서 1년간 가르친 적이 있는데. 그때 있었던 웃긴 일이 기억나는군요.”

선생님은 말을 멈추고 코를 풀었다. 그가 손을 더듬거리자 내가 휴지를 코에 대주었고, 그는 힘없이 코를 풀었다. 나는 휴지로 그의 콧구멍을 가볍게 눌렀다가 떼냈다. 자동차 뒷자리에서 엄마가 아이에게 해주는 것처럼.

“고맙네, 미치. 이 친구도 날 도와주는 팀이에요.”

선생님이 제닌에게 말했다.

그녀는 생긋 웃었다.

"아무튼. 내 이야기를 하지요. 우리 대학에 사회학자 한 그룹이 있었는데, 우리는 다른 교직원들과 포커판을 벌이곤 했어요. 포커 멤버 중에는 외과의사인 친구도 끼여 있었어요. 어느 날 밤, 포커판이 끝나자 그가 말했어요. '모리, 당신이 수업하는 것을 좀 구경하고 싶은데.' 그래서 난 좋다고 했어요. 해서 그는 내 수업 시간에 들어와서 내가 학생들에게 강의하는 것을 지켜봤어요."

제닌은 호기심에 반짝이는 눈을 하고 선생님의 입을 바라보았다.

"강의가 끝나자 그 친구가 말했어요. '그럼. 이제 모리 당신이 와서 내가 일하는 걸 보겠소? 오늘 밤에 수술이 있는데.' 보답하고 싶은 마음에 나도 좋다고 했어요."

선생님은 신이 나는지 상기된 얼굴로 다음 말을 계속했다.

"그는 날 병원으로 데려갔어요. 소독하고 마스크를 쓴 다음 수술복을 입으라는 그의 말대로 했더니, 날 수술대로 데려갔어요. 난 그 친구 옆에 서 있게 되었지요. 수술대에는 여자 환자가 허리 아랫부분을 벗은 채 누워 있었어요. 그 친구가 칼을 들고 살을 쭉 찢는데! 아이고…."

선생님은 손가락을 들고 돌아버리겠더라는 표시로 머리 근처에서 원을 그리며 덧붙였다.

"…나는 이렇게 되기 시작했어요. 기절할 것만 같았어요. 사방에 피가 튀고. 맙소사. 내 곁에 있던 간호사가 내게 물었어요. '왜 그러십니까, 닥터?' 그러길래 난 쏘아부쳤지. '난, 빌어먹을 놈의 닥터가 아니오! 당장 여기서 내보내주시오!'"

우리는 소리내어 웃었고, 선생님도 함께 웃었다. 제한된 호흡이 허락하는 한 마음껏 소리내어 웃었다. 선생님이 이런 이야기를 한 것은 몇 주일 만에 처음이었다. 다른 사람이 아픈 것을 보고 기절할 뻔한 그가 이제는 자기 병을 잘 견딜 수 있으니 참 이상하다는 생각이 들었다.

가정부 코니가 노크를 하고 들어와서는, 선생님의 점심 식사 준비가 다 되었다고 말했다.

나는 그날 아침 '빵과 서커스'에서 당근 수프와 야채 케이크와 그리스 파스타를 샀지만, 선생님의 점심 식사는 그런 게 아니었다.

빈 가장 부드러운 음식을 사려고 애썼지만, 그래도 씹어 넘기기 힘든 그에게 그것들은 너무나 질겼다. 선생님은 주로 유동식을 먹었다. 밀기울을 소화되기 쉽게 걸쭉한 죽으로 만든 것 같은 음식이어야만 했다. 이제 샬럿은 모든 음식을 블렌더에 갈아 즙을 만들었다. 선생님은 빨대로 음식을 빨아 먹었다.

그래도 나는 매주 식품점에 가서 잔뜩 음식을 사들고 가서는, 봉지를 선생님께 내보이곤 했다. 냉장고를 열면, 음식 그릇이 넘쳐났다. 어느 날 우리가 진짜 점심 식사를 함께하던 시절로 되돌아가서, 선생님이 음식이 입가로 흘러나오는 것도 모르고 신나게 얘기하는 그런 시간이 온다면 얼마나 좋을까…. 나는 그런 마음으로 자꾸 음식을 사날랐던 것 같다. 그러나 그것은 턱없는 소망이었다.

"그래요… 제닌."

선생님이 말했다.

그녀가 미소지었다.

"참 아름답군요. 나한테 손을 줘봐요."

아내는 손을 내밀었다.

"미치, 저 친구 말로는 제닌이 직업 가수라던데."

"네, 그래요."

"대단히 훌륭하다던데."

"어머나."

그녀는 소리내어 웃었다.

"아니에요. 저이가 그냥 말만 그렇게 해요."

선생님은 눈썹을 치뜨고서 말했다.

"나를 위해 한 곡 불러주겠어요?"

내가 그녀와 알게 된 이후, 사람들이 그녀에게 노래를 청하는 것을 늘 봐왔다.

제닌이 직업 가수임을 알면, 사람들은 늘 이렇게 말했다. "우리를 위해 한 곡 불러줘요." 자기 재능이 쑥스럽고 또 노래하는 상황에 대해 완벽을 기하는 그녀였기에 제닌은 사람들의 부탁을 들어주는 법이 없었다. 늘 예의를 차리며 사양하곤 했다. 지금도 난 그런 상황을 예상했다.

한데 그녀는 노래를 부르기 시작했다.

"*당신 생각을 하기만 하면*
나는 누구나 하는 당연한 일도 잊고 말지요…"

레이 노블이 작사한 1930년대 노래였다. 제닌은 모리 선생님을 똑바로 보면서 부드럽게 노래를 불렀다.

난 다시 한 번 놀랐다. 사람들이 걸어 잠근 감정을 우리 선생님은 얼마나 자연스레 끌어내는지 그 능력에 감탄했다.

그는 두 눈을 꼭 감고서 곡조에 빠져들었다. 내 아내의 사랑스런 목소리가 방안에 흘러넘치자, 선생님의 얼굴에 초생달 같은 미소가 떠올랐다. 비록 몸은 샌드백처럼 굳었지만, 그가 그 몸 안에서 춤추고 있음을 누구라도 느낄 수 있었다.

"*어떤 꽃에서든 당신의 얼굴을 봅니다*
하늘의 별 속에 당신 눈이 있구요

당신 생각을 하면,

당신 생각만 떠올리면,

내 사랑⋯."

노래가 끝나자 그는 눈을 떴다. 그의 뺨에 눈물이 흘러내렸
다. 오랜 세월 동안 아내의 노래를 들어왔지만, 그때처럼 노래
하는 것은 처음 봤다.

결혼. 내가 아는 사람들은 거의 누구나 결혼 문제로
시달렸다.

누구는 결혼하느라 골치를 앓고, 또 누구는 이혼하느라 골
치를 앓고. 우리 세대는 늪에 사는 악어랑 씨름하듯 '구속'이
라는 것과 실랑이를 벌이는 듯했다.

결혼식에 참석해서 신랑 신부를 축하해주었는데, 몇 년 후
어느 레스토랑에서 그 신랑이 더 젊은 여자랑 앉아 있는 것을
목격하는 일이 다반사였다.

그는 내게 그 여자를 친구라고 소개하면서 "자네도 알지, 우
린 이런저런 이유로 별거중이라네⋯"라는 말들을 늘어놓았다.

우린 왜 그런 문제를 가지고 있는 것일까?

모리 선생님에게 그것에 대해 물었다.

나는 제닌과 7년이나 사귄 끝에 프로포즈했다.

결혼하기까지 그렇게 주저했던 것은 내 또래가 앞 세대보다 신중해서일까, 아니면 단순히 이기심이 많아서일까? 궁금했다.

"난 자네 세대가 안쓰럽네. 이런 문화에서는 다른 사람과 사랑하는 관계에 빠지기란 참으로 힘들지. 왜냐면 문화가 우리에게 그런 걸 주지 않으니까. 요즘 가여운 젊은이들은 너무 이기적이어서 진심으로 사랑하지 못하든가, 아니면 성급하게 결혼하고는 대여섯 달 후에 이혼을 하든가 둘 중 하나를 택하네. 그들은 상대방이 뭘 원하는지 몰라. 자기가 진정 누구인지 몰라. 그러니 결혼하려는 사람이 어떤 사람인지 어떻게 알겠나?"

그는 한숨을 내쉬었다.

모리 선생님은 교수 생활을 하면서 많은 불행한 연인들에게 카운슬링을 해주었다.

"사랑하는 이는 참으로 중요한데, 그렇게 되어버리니 슬픈 일이야. 특히 나 같은 처지에 처하면, 건강하지 못할 때는 사랑하는 이가 얼마나 중요한지 잘 알잖나. 친구도 물론 좋지만, 가족처럼 밤에 기침을 쏟아내느라 잠을 이루지 못할 때 밤새 함께 있어 주면서 위로도 해주고, 도와주려고 애쓰지는 않지."

샬럿과 모리 부부는 학생 때 만나 44년 동안 부부로 함께 살아왔다.

샬럿이 약을 먹어야 한다고 알려주거나, 들어와서 그의 목을 문질러주고 아들 이야기를 할 때 부부가 함께 있는 것을 봤다. 그들은 한 팀으로 움직였다.

힐끗 보기만 해도 상대방이 무슨 생각을 하는지 알았다. 샬럿은 남편과는 달리 사적인 생활을 좋아했다. 모리 선생님이 아내를 얼마나 존중하는지 난 잘 알았다.

이따금 대화를 할 때, 선생님은 "그 일을 밝히면 샬럿이 언짢아할지 몰라서"라면서 대화를 마무리짓곤 했다. 모리 선생님이 뒤로 빼는 경우는 그때뿐이었다.

"살면서 결혼에 대해 많이 배웠지. 그건 시험보는 것과 같아. 자기가 누구인지, 상대방은 누구인지, 둘이 어떻게 맞춰갈 것인지 탐색해가는 과정이라고 할 수 있어."

"결혼 생활을 제대로 하기 위해서 알아야 될 규칙 같은 게 있나요?"

모리 선생님은 미소지었다.

"그렇게 간단한 게 아니라네, 미치."

"저도 알아요."

"하지만 사랑과 결혼에 대한 진실이라고 할 만한 몇 가지 규칙은 있네. 상대방을 존중하지 않으면, 큰 문제가 그들 사이에 닥칠지도 모른다. 타협하는 방법을 모르면 문제가 커진다. 두

사람 사이에 일어나는 일을 터놓고 이야기하지 못하면 더 큰
문제가 생긴다. 그리고 인생의 가치가 서로 다르면 엄청난 문
제가 생긴다는 사실이야. 그래서 두 사람의 가치관이 비슷해
야 하네."

"그렇군요."

"그런데 미치, 그 가운데 가장 중요한 것은 무엇이라고 생각
하나?"

"뭐라고 생각하세요?"

"그것은 결혼의 '중요성'을 믿는 것이라네."

선생님은 코를 훌쩍이더니 잠시 눈을 감았다.

자신의 결혼과 삶, 사랑에 대해 회상하는 듯했다.

"나는 개인적으로 결혼이 정말 중요하다고 생각해. 그리고
결혼하려고 노력하지 않는 사람은 엄청난 것을 놓치고 있다고
생각하네."

선생님은 눈을 감은 채 숨을 내쉬었다.

그는 기도문처럼 믿는 시 구절을 인용하는 것으로 결혼 이
야기를 맺었다.

"서로 사랑하지 않으면 멸망하리."

하나님이 심하셨다

"저, 여쭤볼 말이 있는데요."

나는 모리 선생님에게 묻는다.

그는 뼈가 앙상한 손으로 목에 걸린 안경을 잡는다. 힘겨운 숨소리와 함께 안경이 코에 걸린다.

"질문이 뭔가?"

"〈욥기〉 기억하시죠?"

"성경의 〈욥기〉?"

"네. 욥은 착한 사람이지만, 하나님은 그에게 고초를 겪게 하죠. 믿음을 시험해보려구요."

"기억나네."

"그가 가진 모든 것들을 앗아가지요. 그의 집, 돈, 가족, 명예, 권력…."

"그의 건강도."

"그를 아프게 만들지요."

"믿음을 시험해보려고."

"맞습니다. 믿음을 시험해보려구요. 그래서 제가 궁금한 것은…."

"자네가 궁금한 게 뭔가?"

선생님은 내가 뭘 묻고 싶은지 무척 궁금하다는 듯 나를 보며 묻는다.

"선생님은 그걸 어떻게 생각하세요?"

내 말이 끝나기가 무섭게 그는 심하게 기침을 해댄다. 떨리는 손이 힘없이 아래로 떨어진다.

"내 생각에는 하나님이 심하셨네."

선생님이 슬며시 웃으며 말한다.

문화

열한 번째 화요일

"힘껏 치세요."

나는 선생님의 등을 때린다.

"더 세게."

나는 힘껏 더 내려친다.

"어깨 부근을 때리고… 이젠 더 아래로 내려가세요."

파자마 바지 차림의 선생님은 침대에 모로 누워 있다. 베개를 베고 입을 벌린 채. 물리 치료사는 내게 그의 폐에서 독을 빼내는 방법을 가르쳐주고 있었다. 폐가 굳지 않게 하려면, 그래서 그가 계속 숨을 쉬게 하려면 정기적으로 그렇게 쳐줘야 했다.

"내가… 알기에… 자넨… 옛날부터… 날 때리고 싶어했잖아…."

그는 숨차하며 말한다.

"네."

나는 석고처럼 흰 등판을 주먹으로 때리면서 농담을 한다.

"이건 2학년 때 B를 주신 보답이구요! 탁!"

우리 모두 웃음을 터뜨린다. 악마가 가까이에 있을 때 나오는 초조한 웃음소리. 이것이 죽음 직전에 마지막으로 하는 유연 체조라는 사실을 우리 모두 모른다면, 참 재미있는 장면이었을 것을. 이제 병세가 악화되어 두 손을 들어야 하는 지점에 가까이 와 있었다. 선생님은 질식해서 죽을 거라고 예상했고, 나는 그렇게 처참하게 가는 것은 상상조차 할 수 없었다. 이따금 그는 눈을 감고, 입과 코로 공기를 들이쉬려고 애썼다. 그럴 때면 닻이라도 들어올리려는 것처럼 힘겨워 보였다.

바깥은 재킷을 걸쳐야 하는 계절로 접어들었다. 10월 초순. 웨스트 뉴턴 부근의 잔디밭에 낙엽이 쌓였다. 전에는 물리 치료사가 아침 일찍 와서 간호사나 전문 치료사들이 선생님을 돌봐드릴 때면 나는 양해를 구하고 밖으로 나왔다. 하지만 몇 주일이 흐르면서 우리가 함께할 시간이 쑥쑥 빠져나가 버리자, 나는 점점 당황감에서 벗어나기 시작했다. 나도 거기 있고 싶었다. 모든 것을 지켜보고 싶었다. 평소의 나와는 다른 태도였지만. 선생님댁에서 마지막 몇 달 동안 일어난 일은 절대 평범한 일이 아니었다.

그래서 나는 치료사들이 그를 침대에 눕히고 갈비뼈 뒤쪽을 두드리면서, 속에 걸린 것이 풀어지는 느낌이냐고 묻는 것을 지켜보았다. 치료사가 휴식을 취하면서 나더러 해보고 싶으냐고 묻자 그러겠다고 대답했다. 모리 선생님은 베개에 머리를 묻고 씩 웃었다.

"너무 세게 치지 말게. 난 노인이라구."

물리 치료사의 지시에 따라 이리저리 옮겨다니며 등과 옆구리를 두드렸다.

우리 선생님이 어떤 상황에서든 침대에 누워 있어야 한다는 사실이 마음에 들지 않았다. 그의 마지막 아포리즘 '침대에 누워 있는 것은 죽어 있는 것'이라는 말 때문에 더더욱. 작은 체구가 잔뜩 움츠리고 누운 모습은 어른이 아니라 어린 아이 같았다. 창백한 피부, 흩어진 백발, 힘없이 늘어진 팔다리…. 우리가 긴 시간을 투자해가며 역기를 들고 윗몸일으키기를 하여 근육질의 몸매를 만들어봐도, 결국 자연은 우리에게서 건장한 몸을 빼앗아간다는 생각이 들었다. 뼈 주변의 헐렁한 살에 손이 닿는 느낌이란.

나는 치료사의 지시대로 힘껏 등을 내리쳤다. 사실, 벽에 주먹질을 하고 싶은 마음이 굴뚝 같았지만, 선생님의 등만 하염없이 때리고 있었다.

"미미미치?"

모리 선생님이 날 불렀다. 내가 등을 때리기 때문에 수동 착

암기처럼 덜덜 떨리는 목소리가 나왔다.

"네?"

"어언제… 내내가… 자네에에게… B를 줘어었지?"

〰️ 모리 선생님은 성선설을 신봉했다. 하지만 사람들이 어떻게 변할 수 있는지 그도 잘 알았다.

그날 나중에 그는 이렇게 말했다.

"대개 사람들은 위협당할 때 형편없어지네. 그런데 우리 문화가 사람들을 협박하거든. 우리 경제도 그렇고. 우리 경제 체계에서는 직장을 가진 사람들까지도 위협을 느끼지. 언제 직장을 잃을지 모르니까 걱정이 되어서 말야. 그리고 사람은 위협을 받기 시작하면 자기만 생각하기 시작하네. 돈을 신처럼 여기기 시작하는 거야. 그게 다 우리 문화의 속성이라구."

그는 숨을 내쉬고 덧붙였다.

"그래서 난 문화를 중요하게 생각하지 않아."

나는 고개를 끄덕이며 선생님의 손을 살며시 쥐었다.

이제 우리는 손을 잡고 있는 때가 많았다. 이 또한 내게는 변화였다. 예전 같으면 당황스럽거나 충격적이었을 일들이 이제는 평범한 일이 되었다.

도뇨관에 연결된 소변 주머니도 그랬다. 초록빛 소변이 든

주머니는 선생님의 의자 다리 옆, 그러니까 내 발 근처에 놓여 있었다. 몇 달 전만 해도, 나는 이런 상황을 못 참았을 테지만 이제는 대수롭지 않았다.

선생님이 변기를 사용한 이후 방에서 나는 냄새도 마찬가지였다. 그는 필요할 때마다 이 방에서 저 방으로 옮겨가는 호사를 누리지 못했다. 또 화장실에 들어가서 문을 닫고 혼자 일을 본 후 공기 청정제를 뿌리는 호사도 누리지 못했다. 침대와 의자, 그리고 생명뿐이었다.

그런 상황에 처한다면 나라고 좋은 냄새를 풍길 재주가 있을까?

"내 말은 스스로 새로운 문화를 만들어내라는 뜻이야. 물론 사회의 규칙을 모두 다 무시하라는 뜻은 아니야. 예를 들면 나는 벌거벗은 채 돌아다니지도 않고, 신호등이 빨간 불일 때는 반드시 멈춘다네. 작은 것들은 순종할 수 있지. 하지만 어떻게 생각할지, 어떤 가치를 중요하게 여길지 등 줄기가 큰 것들은 스스로 결정을 내려야 하네. 다른 사람이—혹은 사회가—우리 대신 그런 사항을 결정하게 내버려둘 순 없지."

그는 숨이 찬지 긴 숨을 내쉬고 말을 이어갔다.

"나를 보라구. 지금쯤 나는 당황해서 쩔쩔매야겠지. 내 발로 걷지도 못하고, 내 손으로 엉덩이를 닦을 수도 없으니. 어떤 날 아침 일어나면 정말 울고 싶네. 그런데 거기에는 본원적으로 당황해하거나 부끄러워할 것이 없거든."

난 새삼스레 선생님이 대단하다는 생각이 들었다.

"모든 여자들이 날씬하지 않은 것이나 모든 남자들이 부자가 아닌 것도 마찬가지야. 그런 것은 문화가 우리에게 믿게 강요한 것들일 뿐이야. 그런 건 믿지도 말게."

나는 선생님에게 더 젊었을 때 왜 다른 곳으로 옮겨가지 않았느냐고 물었다.

"어디로?"

"모르겠어요. 남미나 뉴기니나, 미국처럼 이기적이지 않은 곳으로요."

"어떤 사회든 나름대로 문제는 있지."

그가 눈썹을 치뜨는 모습이 마치 어깨를 으쓱하는 것 같았다. 선생님은 말을 이었다.

"달아난다고 해서 해결될 일이 아니라고 생각해. 자기가 사는 곳에서 자기의 문화를 창조하려고 노력해야지. 보자구. 어디 살든지 우리 인간의 최고 단점은 근시안이라는 점이야. 우리는 어떻게 될 수 있는지 보지 못해. 우리의 잠재력을 보고, 우리를 넓힐 수 있는 데까지 쭉쭉 넓혀가야 하는데 그러지 못하지. 한데 '이제 난 내 것을 갖고 싶다'라고 말하는 사람들이 넘쳐나게 되면 결국 몇몇이 모든 것을 차지하게 되고, 그러면 가난한 자들이 들고 일어나네. 그럼 가진 자는 자신의 것을 훔

쳐가지 못하게 군대를 써서 그것을 막게 되지."

모리 선생님은 내 어깨 너머로 창문을 바라보았다. 어떤 때는 트럭이 지나가는 소리나 바람 소리가 들려왔다. 그는 잠시 이웃집들을 바라보다가 말을 이어나갔다.

"미치, 우리가 서로 비슷하다는 사실을 믿지 않는다는 게 문제라네. 백인과 흑인, 천주교 신자와 개신교 신자, 남자와 여자…. 다 똑같은데. 서로 비슷하다는 점을 안다면 우리 모두는 이 세상의 인류 대가족에 합류하고 싶을 거야. 그래서 지금 우리가 가족을 돌보는 것처럼 인류 대가족을 서로 돌보고 싶어질 거야."

난 말없이 그의 말에 온전히 정신을 집중하고 있었다.

"내 말을 믿으라구. 죽어가고 있을 때는 사람은 모두 다 같다는 게 참말임을 알게 되네. 우리 모두 똑같이 시작하지, 출생으로. 그리고 똑같이 끝나네, 죽음으로. 그런데 뭐가 그렇게 다를 수 있다는 거야? 인류 대가족에 관심을 가지라구. 사람들에게 애정을 쏟게. 자네가 사랑하고 자네를 사랑하는 작은 공동체를 세우란 말일세."

그는 내 손을 가만히 쥐었다. 나는 더 세게 선생님의 손을 잡았다. 망치를 힘껏 내려치고 폴대 위로 원반이 얼마나 올라가는지 보는 축제 행사처럼, 나는 내 체온이 그의 가슴과 목을 지나 뺨과 눈으로 전달되는 것을 볼 수 있었다.

선생님은 싱긋 웃었다.

"우리가 아기로서 삶을 시작할 때, 누군가가 우릴 돌봐줘야 생명을 유지할 수 있어, 그렇지? 그리고 나처럼 아파서 삶이 끝날 무렵에도, 누군가가 돌봐줘야 생명을 유지할 수 있어, 그렇지?"

그의 목소리가 소근거림으로 사그라들었다.

"하지만 여기 비밀이 있네. 아이 때와 죽어갈 때 외에도, 즉 그 중간 시기에도 사실 우린 누군가가 필요하네."

그날 오후 늦게 코니와 나는 침실로 가서 텔레비전으로 O.J. 심슨이 판결받는 장면을 보았다. 사건 당사자 전원이 배심원과 마주선 긴장된 순간이었다. 파란 양복 차림의 심슨은 변호사 군단에 에워싸여 있었고, 그를 감옥에 처넣고 싶어하는 검사단도 몇 걸음 떨어진 곳에 있었다. 배심원장이 "무죄!"라고 평결문을 읽자 코니가 비명을 질렀다.

"하나님 맙소사!"

심슨이 변호사들과 포옹하는 광경을 보았다. 기자들이 평결의 의미를 설명하는 말도 들었다. 법정 바깥 거리에서 흑인들은 축하를 했고, 백인의 무리들은 레스토랑에 넋을 잃고 앉아 있었다. 매일 살인 사건이 일어나지만, 이번 결정은 대단히 중요하게 받아들여졌다.

그만하면 충분히 봤다고 생각하면서, 코니는 복도로 나갔다.

선생님의 서재 문이 닫히는 소리가 들렸다. 나는 텔레비전을 멍하니 바라보았다. 세상 사람 모두가 이 장면을 보는데….혼잣말로 중얼댔다. 그런데 저 방에서 새어나오는, 의자에서 일으켜지느라 버스럭대는 소리를 들으면서 나는 미소를 지었다. '세기의 재판'이 드라마틱한 결론에 이를 때, 내 노은사는 변기에 앉아 계셨다.

2등이면 어때?

1979년, 브랜다이스 대학 체육관에서 과 대항 농구 경기가 벌어지고 있다.

우리 팀이 잘 뛰자, 학생들은 한 목소리로 응원 구호를 외친다.

"1등은 우리 것! 1등은 우리 것!"

모리 교수님이 부근에 앉아 있다. 그는 이 구호에 어리둥절해 한다. 그래서 "1등은 우리 것!" 하고 외치는 중간에, 벌떡 일어나서 그는 소리친다.

"2등이면 어때?"

학생들이 그를 바라본다.

그들은 구호 외치기를 멈춘다.

선생님은 앉아서 승리에 찬 미소를 짓고 있다.

코펠의 마지막 인터뷰

'나이트라인' 제작진이 세 번째이자 마지막으로 모리 선생님을 찾아왔다. 이번에는 인터뷰 방향이 완전히 달랐다. 인터뷰라기보다는 작별의 인사 같은 것이었다.

코펠은 오기 전에 몇 차례나 전화를 걸어서, "인터뷰하실 수 있으세요?"라고 물었다. 모리 선생님은 확신할 수 없었다.

"요즘은 늘 피로해요, 테드. 그리고 숨이 막힐 때도 많고. 내가 말을 잇지 못하면, 당신이 대신 말을 받아주겠소?"

코펠은 그러겠다고 했다. 이 냉철하고 이지적이고 자제심이 강한 앵커맨은 이렇게 덧붙였다.

"모리, 내키지 않으면 안 하셔도 됩니다. 그저 제가 가서 작별 인사를 드리고 싶을 뿐입니다."

나중에 모리 선생님은 장난기 있는 웃음을 흘리면서 말했다.

"그 친구, 점점 좋아진단 말이야."

그랬다. 그는 이제 코펠을 '친구'라고 불렀다. 내 노은사는 방송계의 공감까지도 끌어냈던 것이었다.

금요일 오후에 인터뷰를 하면서, 그는 전날 입었던 셔츠를 그대로 입었다. 이즈음에는 이틀에 한 번씩 셔츠를 갈아입었는데, 이날은 갈아입는 날이 아니었다. 인터뷰 때문에 안 하던 일을 할 필요가 있을까? 이것이 바로 모리다운 생각이었다.

두 차례의 인터뷰 때와는 달리 이번에는 선생님의 서재에서만 인터뷰가 행해졌다. 선생님이 의자에 붙박이가 되어버린 그곳에서만. 코펠은 내 노은사를 보자 키스했다. 그는 카메라 렌즈에 잡히도록 책장 사이를 비집고 들어가야 했다.

인터뷰 시작 전, 코펠은 병세에 대해 물었다.

"병세가 얼마나 진전되었습니까, 모리?"

선생님은 힘없이 손을 들어 배 가운데에 놓았다. 그 정도밖에 손을 들 수가 없었다. 코펠은 대답을 들은 셈이었다.

카메라가 돌아갔다. 세 번째이자 마지막 인터뷰였다. 코펠은 죽음이 가까이 다가오니 더 두렵냐고 물었다. 선생님은 그렇지 않다고 대답했다. 솔직히 말하면 두려움이 덜해졌다고. 외부 세계를 조금씩 손에서 놓고 있다고. 요즘은 별로 신문을 읽어 달라고 하지 않는다고. 또 우편물에도 별로 신경쓰지 않고, 대신 음악을 더 많이 듣고, 창 밖의 나뭇잎 색깔이 변하는 것을 지켜본다고 대답했다.

루게릭 병을 앓는 사람들이 그 말고도 여럿 있음을 그는 알고 있었다. 그 중에는 뛰어난 물리학자 스티븐 호킹 같은 유명 인사도 있었다. 호킹은 목에 구멍을 뚫고 살면서 컴퓨터 신시사이저로 대화를 했고, 눈을 깜박이면 센서가 그 움직임을 읽어 글자를 타이핑했다. 그것은 놀라운 일이었지만, 우리 선생님은 그런 식으로 살고 싶어하지는 않았다. 그는 코펠에게 언제 작별 인사를 할 시간이 올지 안다고 말했다.

"테드, 내게 '살아있다'는 것은 다른 사람에게 반응을 할 수 있다는 것을 의미해요. 내 감정과 느낌을 보여줄 수 있다는 것을 의미하지요. 사람들과 대화하고, 그들과 함께 느끼고…."

그는 숨을 몰아쉬고 나서 덧붙였다.

"그런 게 없어지면, 모리는 없어지는 거예요."

그들은 친구처럼 이야기했다.

전에 했던 두 번의 인터뷰에서 그랬듯이 테드는 '엉덩이 닦는 문제'에 대해 물었다. 아마 유머러스한 대답을 기대했을 것이다. 하지만 선생님은 너무 피곤해서 웃지도 못했다. 그는 고개를 가만히 저을 뿐이었다.

"변기통에 앉을 때 이젠 똑바로 앉아 있을 수가 없어요. 몸이 자꾸 주저앉아서 누가 잡아줘야 해요. 일을 마치면 누군가가 내 엉덩이를 닦아줘야 되고. 상황이 여기까지 왔어요."

모리 선생님은 코펠에게 평안히 죽고 싶다고 말했다. 그리고 최근에 생각해낸 아포리즘을 말해주었다.

"너무 빨리 떠나지 말라, 하지만 너무 늦도록 매달려 있지도 말라."

코펠은 마음 아파하며 고개를 끄덕였다. 첫번째 '나이트라인' 인터뷰부터 이번 인터뷰까지 겨우 6개월밖에 흐르지 않았건만, 모리 선생님은 확실히 사그라드는 촛불 같았다. 그는 전국의 텔레비전 시청자 앞에서 점점 쇠락해갔다. 죽음의 미니 시리즈처럼. 하지만 육신은 썩어들어도, 성품은 훨씬 더 밝게 빛났다.

인터뷰가 끝나가자 카메라는 모리를 클로즈업했고, 코펠은 화면에 잡히지 않고 목소리만 들렸다.

앵커맨 코펠은 모리 교수님에게 감동받은 수백만 시청자에게 하고 싶은 말이 있느냐고 물었다. 물론 코펠이 그런 의미로 한 말은 아니었겠지만, 나에게는 유언을 해달라고 요구하는 것으로 생각되었다.

"연민을 가지세요. 그리고 서로에게 책임감을 느끼세요. 우리가 그런 것을 행한다면, 이 세상은 훨씬 더 좋은 곳이 될 것입니다."

선생님은 숨을 들이쉬고, 평소에 좋아하는 구절을 덧붙였다.

"서로 사랑하지 않으면 멸망하리."

인터뷰가 끝났다.

하지만 무슨 이유 때문인지 카메라맨은 필름을 계속 돌렸다. 마지막 장면이 테이프에 녹화됐다.

"잘하셨어요."

코펠이 말했다.

모리 선생님은 힘없이 미소지었다.

"아니예요. 내가 가진 것을 준 것뿐인데요."

그가 속삭였다.

"교수님은 언제나 그러시죠."

"테드, 이 병이 내 영혼을 두드려대고 있어요. 하지만 내 영혼을 잡아먹진 못할 거예요. 내 몸은 잡아먹겠지만, 내 영혼은 '절대로' 잡아먹지 못해요."

코펠은 눈물을 글썽이며 말했다.

"참 잘해오셨어요."

"그렇게 생각해요?"

선생님은 천정 쪽으로 눈길을 돌리며 덧붙였다.

"이제 저 위에 있는 양반이랑 협상을 벌이고 있다오. 난 그분께 이렇게 물어요. '나한테 천사 자리 하나 내줄 겁니까?'"

그가 하나님과 대화한다는 것을 인정한 것은 이때가 처음이었다.

용서

열두 번째 화요일

"죽기 전에 자신을 용서하라. 그리고 다른 사람도 용서하라."

'나이트라인' 인터뷰를 끝낸 지 며칠 후였다. 비가 내려 하늘은 어두웠고, 모리 선생님은 담요를 덮고 있었다. 나는 의자 끄트머리에 앉아서, 선생님의 맨발을 손으로 문지르고 있었다. 발은 딱딱했고 발톱은 누렇게 변해 있었다. 나는 작은 로션 병에서 로션을 듬뿍 퍼내어 바른 후 양손으로 발목을 마사지하기 시작했다.

지난 몇 달간 그를 도와주는 사람들이 이렇게 하는 것을 봤는데, 이제 나도 선생님을 위해 할 수 있는 일은 뭐든 하고 싶어서 발 마사지를 하겠다고 자원했다. 병은 그에게 발가락도 움직이지 못하게 해놓았지만, 통증은 여전히 느껴졌다. 이런 마사지가 통증 완화에 도움이 됐다. 또 선생님은 누군가의 손길을 느끼길 좋아했으므로. 그래서 나는 선생님을 행복하게 할 수 있는 일이라면 뭐든 할 작정이었다.

그는 용서 이야기로 되돌아왔다.

"미치, 복수심이나 고집을 마음속에 품고 있어 봤자 아무 소용 없어. 그것들이…."

선생님은 한숨을 내쉬었다.

"살면서 그런 것들이 후회가 돼. 자만. 허영. 왜 우린 그런 일들을 할까?"

나는 용서가 왜 중요한지 물었다. 대개 영화에서 보면 아버지가 죽음에 당면해 눕게 되면 세상을 뜨기 전 화해하기 위해 그간 소원했던 아들을 부른다. 나는 선생님에게 세상을 뜨기 전에 불쑥 "미안하다"고 말할 만한 일이 마음속에 있느냐고 물었다.

그는 고개를 끄덕였다.

"저기 조각상 보이지?"

선생님은 서재의 저쪽 선반 높이 놓인 두상을 향해 고갯짓을 했다. 나는 조각상이 그 자리에 있는 줄 여지껏 몰랐다. 청동상이었는데 넥타이 차림의 40대 초반의 모리 선생님의 얼굴이었다. 이마에 머리칼이 텁수룩한 모습을 한 선생님의 조각상이었다.

"나라네. 한 30년 전쯤 친구가 만들어줬지. 노먼이라는 친구

였어. 우리는 함께 많은 시간을 보냈지. 수영도 하고. 차를 몰고 뉴욕에도 가고. 그 친구가 날 케임브리지의 자기 집으로 데려가더니, 지하실에서 이 두상을 만들어주었지. 완성까지 몇 주일이나 걸렸지만, 그 친구는 제대로 만들고 싶어했네."

나는 두상을 찬찬히 살폈다. 3차원적인 모리 선생님을 보니 참 이상했다. 너무도 건강하고 너무도 젊은 선생님이 우리를 내려다보고 있었다. 청동상이긴 하지만 선생님만의 별난 표정이 그대로 드러났다. 그 친구분이 정신까지도 조각했다는 생각이 들었다.

"그런데 여기 슬픈 이야기가 있네. 노먼네 부부는 시카고로 이사를 갔어. 그로부터 얼마 지난 후, 샬럿은 대단히 큰 수술을 받았어. 한데 노먼 부부는 우리에게 연락을 주지 않았어. 샬럿이 수술받은 것을 그들도 알고 있었는데도 불구하고. 샬럿과 나는 그들이 전화를 해서 안부를 묻지 않았던 일 때문에 몹시 맘이 상했지. 그래서 우리 관계는 끊어졌네."

선생님은 다시 한번 조각상에 눈길을 보내며 말을 이어나갔다.

"오랜 세월을 두고, 노먼과 몇 차례 만났고 그는 번번이 화해하려 애썼지만 난 받아들이지 않았지. 그의 변명이 성에 차지 않았던 거야. 난 자만심이 가득했어. 그래서 그를 밀어내버렸던 거야."

선생님은 목이 메이는 것 같았다.

"미치… 몇 년 전… 그 친구는 암으로 죽었다네. 하지만 난 그를 보러 가지 않았어. 물론 용서하지도 않았어. 그게 내 마음을 이렇게도 아프게 하네…."

그는 또 울었다. 나지막이 흐느꼈다. 머리가 뒤로 제껴져 있어서 눈물이 입술에 닿기도 전에 옆으로 흘러내렸다.

"공연한 얘기를 꺼내서… 죄송해요."

내가 말했다.

"그럴 것 없어. 우는 것도 괜찮네."

선생님은 속삭였다.

나는 생기 없는 발가락에 로션을 문질렀다. 모리 선생님은 자기 감정에 빠져서 몇 분간 더 울었다.

마침내 그가 입을 열었다.

"우리가 용서해야 할 사람은 타인만이 아니라네. 미치. 우린 자신도 용서해야 해."

"우리 자신을요?"

"그렇지. 여러 가지 이유로 우리가 하지 않은 일들에 대해서 용서해야 하네. 했어야 했는데 하지 않은 일에 대해서. 일이 이러저러하게 되지 않았다고 탓할 수만은 없지. 나 같은 상황에 빠지면 그런 태도는 아무런 도움도 안 되네."

"선생님도 그러신 적 있으셨어요?"

"난 언제나 '연구를 더 많이 했으면 좋았을 텐데' 또 '책을 더 많이 썼으면 좋았을 텐데'라고 생각했네. 그 생각 때문에 나 자신을 질타하곤 했어. 그러나 이제 와서 돌이켜보면, 그런 질타가 아무 소용 없다는 걸 알겠어. 화해하게. 자기 자신과 주위의 모두와…."

나는 몸을 굽혀, 휴지로 눈물을 닦아드렸다. 선생님은 눈을 깜빡이며 크게 떴다 다시 감았다. 숨소리가 가볍게 코고는 소리 같았다.

"자신을 용서하게. 그리고 타인을 용서하게. 시간을 끌지 말게, 미치. 누구나 나처럼 그런 시간을 가질 수 있는 건 아니야. 누구나 다 이런 행운을 누리는 게 아니지."

나는 휴지를 쓰레기통에 던지고, 다시 그의 발을 만졌다. 행운이라구요? 엄지 손가락을 굳은 발가락 사이에 넣었지만, 선생님은 느끼지도 못했다.

"상반됨의 긴장. 기억나지, 미치? 항상 일은 다른 방향으로 벌어지잖나?"

"기억나요."

"차츰 줄어드는 시간이 아쉽긴 하지만, 이런 시간이 주는 일을 바로잡을 기회가 귀하게 여겨진다네."

말없이 한동안 앉아 있는데, 창에 빗방울이 후두둑 떨어졌다. 그의 뒤쪽에는 여전히 히비스커스 화분이 놓여 있다. 작지만 단아한 꽃.

"미치."

모리 선생님이 속삭이듯 불렀다.

"네?"

나는 손가락 사이에 발가락을 끼고 돌리느라 거기에 정신이
팔려 있었다.

"나 좀 보게."

고개를 드니, 말할 수 없이 강렬한 눈빛으로 선생님이 날 보
고 있었다.

"자네가 왜 내게 돌아왔는지, 난 잘 몰라. 하지만 이 말만은
하고 싶군…."

그는 말을 멈추었다. 숨이 막혀서 소리가 나오지 않았다.

"내가 만약 아들을 한 명 더 가질 수 있다면, 그게 자네였으
면 좋겠어."

나는 눈을 내리깔고, 죽어가는 살 사이에 손가락을 넣고 문
질렀다. 순간 두려운 마음이 들었다. 선생님의 말을 인정하면,
진짜 우리 아버지를 배반하는 게 될 것 같아서. 하지만 고개를
드니 그는 눈물이 그렁그렁한 채 미소짓고 있었다. 난 알았다.
이런 순간은 배반 따위와는 상관없음을.

내가 두려운 것은, 작별 인사를 하는 일이었다.

내 묻힐 곳, 언덕 위 나무 밑

"묻힐 곳을 골랐다네."

"어딘데요?"

"여기서 멀지 않아. 언덕 위의 나무 밑이야. 연못이 내려다
보이는 곳. 굉장히 평화로운 곳이야. 생각하기에 안성맞춤인
곳이지."

"거기서도 생각을 하며 지내실 계획이세요?"

"거기선 죽어 지낼 계획인데."

선생님은 킥킥거리며 웃는다. 나도 따라 킥킥거리며 웃는다.

"찾아와줄 텐가?"

"찾아와요?"

"그냥 와서 얘기하라구. 화요일에 와주게. 자넨 언제나 화요
일에 오니까."

"우린 화요일의 사람들이잖아요."

"맞았어. 화요일의 사람들이지. 그럼 화요일에 얘기하러 올
거지?"

선생님은 급속도로 약해져간다.

"날 보게."

그가 말한다.

"보고 있어요."

"내 무덤에 찾아올 거지? 그리고 나한테 자네가 가진 문제를 털어놓고 말할 거지?"

"제가 가진 문제요?"

"그래."

"그럼 선생님이 대답해주실 거예요?"

"내가 줄 수 있는 건 다 주겠네. 언제는 안 그랬나?"

선생님의 무덤을 그려본다. 언덕 위, 연못이 내려다보이는 곳. 선생님이 누운 곳에 사람들이 흙을 덮겠지. 그 위에 비석을 세우고. 몇 주일 후쯤? 며칠 후쯤? 거기 혼자 앉아 있는 나를 본다. 무릎을 감싸고 앉아서 멍하니 하늘을 바라보는 나.

"선생님의 목소리를 들을 수 없으니 지금 같지는 않을 거예요."

내가 말한다.

"아, 대화…."

선생님은 눈을 감고 미소짓는다.

"내 말 잘 듣게. 내가 죽은 다음에는 자네가 말하라구. 그럼 내가 들을 테니."

완벽한 하루

열세 번째 화요일

모리 선생님은 화장을 원했다. 아내 샬럿과 의논한 끝에, 화장
이 최선이라는 결론을 내렸다. 브랜다이스의 랍비 알 액슬라
드가 모리 선생님을 찾아왔다. 그들은 오랜 친구여서 모리 선
생님 부부는 그에게 장례식 집전을 의뢰했다. 선생님은 랍비
에게 화장 계획을 말했다.

"그런데, 알?"

"응?"

"날 너무 오래 태우지 않는지 자네가 확인해주게."

일순간 랍비는 얼어붙었다. 하지만 모리 선생님은 이제 자
기 몸에 대해 농담도 할 수 있었다. 끝이 가까울수록 그는 몸
을 단순한 껍질로, 영혼이 담긴 그릇으로 보았다. 몸은 쓸모없
는 살갗과 뼈로 시들어갔고, 그래서 그것을 벗기가 훨씬 수월
해졌다.

"우린 죽음의 광경을 보는 걸 너무도 두려워하지."

내가 앉자 선생님이 말했다. 그의 옷깃에 마이크를 달았지만, 마이크가 자꾸 아래로 처졌다. 선생님은 계속 기침을 했다. 이제 그는 늘 기침을 했다.

"저번 날 책을 읽었어. 병원에서는 사람이 죽자마자 시트를 머리에 씌운 다음, 바퀴 달린 침대에 싣고 비탈진 통로를 지나 아래로 밀고 내려간다더군. 죽음의 광경에서 빨리 벗어나려고 안달하는 거지. 사람들은 죽음이 전염이라도 되는 것처럼 행동한다구."

나는 마이크를 갖고 온갖 수선을 다 피웠다. 선생님이 내 손을 힐끗 쳐다봤다.

"자네도 잘 알듯이 죽음은 전염되지 않아. 삶이 자연스러운 것처럼 죽음도 자연스럽다네. 그것은 우리가 맺은 계약의 일부라구."

그는 다시 기침을 쏟아냈고, 나는 뒤로 물러나서 기다렸다. 그러면서 좀더 심각한 사태가 벌어질 것에 대한 마음의 준비를 했다. 최근 선생님은 힘겨운 밤 시간을 보냈다. 겁나는 밤이었다. 겨우 몇 시간 자다가, 지독하게 숨이 막혀 눈을 뜨곤 했다. 간호사들이 침실로 들어와서 등을 두드려서 가슴에 맺힌 것을 빼냈다. 다시 정상적으로 숨을 쉬게 되면('정상적으로'는 산소 호흡기의 도움으로 숨쉬는 것을 의미한다), 선생님은 다음 날 온

종일 피로감에 시달려야 했다.

이제 산소 튜브가 코 위에 걸려 있었다. 나는 그걸 보는 게 싫었다. 산소 튜브는 무기력함의 상징이었다. 튜브를 빼내버리고 싶었다.

"지난 밤…."

선생님이 나지막이 말했다.

"네? 지난 밤에요?"

"…한 차례 끔찍한 시간을 겪었다네. 몇 시간 동안 계속되었어. 사실 다시 숨쉴 수 있을지 자신이 없었어. 전혀 숨을 못 쉬었지. 끝없이 가슴이 막혔어. 어느 순간, 현기증이 일기 시작하더군…. 그런데 갑자기 어떤 평화가 느껴지는 거야. 내가 갈 준비가 됐다는 기분이 들었어."

그는 눈을 커다랗게 뜨고서 말을 이었다.

"미치, 정말이지 믿기 힘든 느낌이었어. 벌어지는 상황을 인정하는 느낌…. 평화로웠어. 지난 주에 꾼 꿈을 생각했지. 꿈속에서 나는 알지 못하는 곳으로 뻗어 있는 다리를 건너고 있었어. 그 다음에 뭐가 있을진 모르지만 그곳으로 갈 준비가 되어 있었지."

"한데 가지 않으셨잖아요."

선생님은 잠시 기다렸다. 그는 가볍게 고개를 끄덕였다.

"그렇지, 안 갔지. 하지만 갈 수도 있겠다는 느낌을 맛봤네.

이해가 되나?"

"좀더 자세히 말씀해주세요."

"우리 모두 찾는 게 바로 그거잖아. 죽어간다는 생각과 화해하는 것. 결국 우리가 궁극적으로 죽어가면서 평화로울 수 있다면, 마침내 진짜 어려운 것을 할 수 있겠지."

"그게 뭔데요?"

"살아가는 것과 화해하는 일."

그는 등 뒤에 놓인 히비스커스 화분을 보여달라고 했다. 나는 화분을 들어, 그의 눈높이쯤에 맞춰주었다. 선생님은 미소를 지었다.

"죽는 것은 자연스런 일이야. 우리가 죽음을 두고 소란을 떠는 것은 우리를 자연의 일부로 보지 않기 때문이지. 인간이 자연보다 위에 있다고 생각하니까."

그는 화분을 보며 싱긋 웃었다.

"모든 것은 태어나고 죽는 거야."

선생님은 나를 바라보았다.

"자네, 그걸 인정하나?"

"네."

"좋아. 이제 바로 여기에 분기점이 있네. 우리가 이 멋진 동식물과 어떻게 다른지 이 점에서 갈라져 나온다구."

그는 히비스커스 화분을 사랑스러운 듯 다시 한번 눈길을 보냈다.

"우리가 서로 사랑하고, 우리가 가졌던 사랑의 감정을 기억할 수 있는 한, 우리는 진짜 우리를 기억하는 사람들의 마음속에 잊혀지지 않고 죽을 수 있네. 자네가 가꾼 모든 사랑이 거기 그 안에 그대로 있고, 모든 기억이 여전히 거기 고스란히 남아 있네. 자네는 계속 살아있을 수 있어. 자네가 여기 있는 동안 만지고 보듬었던 모든 사람들의 마음속에."

선생님의 목소리가 갈라졌다. 그것은 한동안 쉬어야 된다는 것을 의미했다. 나는 화분을 제자리에 갖다놓고, 녹음기의 작동을 중지시키러 갔다. 녹음기가 꺼지기 전 선생님은 마지막으로 이렇게 말했다.

"죽음은 생명이 끝나는 것이지, 관계가 끝나는 것은 아니네."

루게릭 병 치료에 진척이 있었다. 이제 막 시험용 약이 개발되었다. 치료제가 아니라 생명을 연장시키는 약이어서, 몇 달 정도 쇠락을 늦춰준다고 했다. 모리 선생님도 이 소식을 들었지만, 그런 시도를 해보기에는 병세가 너무 진전된 상태였다. 게다가 몇 달 후에나 약을 구할 수 있다고 했다.

"나를 위한 약은 아니야."

선생님은 그 얘기를 마무리지으며 말했다.

병을 앓는 기간 내내, 그는 치료되리라는 소망을 물고 늘어지지는 않았다. 선생님은 지나칠 정도로 현실적인 사람이었다. 누군가 마술 지팡이를 흔들어 선생님을 낫게 해준다면, 어떤 사람이 되고 싶냐고 물어본 적이 있었다.

"예전의 모습으로 돌아가고 싶으세요?"

그는 고개를 저었다.

"돌아갈래야 돌아갈 수 없지. 이제 난 다른 사람이 되었으니까. 태도도 바뀌었고, 내 육체를 보는 시각도 바뀌었어. 예전에는 그런 시각을 갖지 못했거든. 또 큰 질문, 궁극적인 질문, 없어지지 않을 질문을 해결하려 고군분투하는 면도 달라졌고. 그게 나한텐 중요해. 난 중요한 문제에 손을 대기 시작하면, 거기에 등을 돌리고 나올 수가 없거든."

"그럼 그렇게까지 중요한 질문이 뭔데요?"

"사랑과 책임감, 영혼, 인식과 관련된 것들. 지금 내가 건강한 사람이래도, 그것들은 여전히 내 주제일 거야. 지금까지 쭉 그랬어야 했는데 과거에는 그렇게 중요하게 생각하지 못했어."

건강한 선생님을 상상해보려고 애썼다. 선생님이 육체의 껍질을 벗고 의자에서 일어나, 예전에 캠퍼스를 돌아다녔던 것처럼 나와 함께 동네를 산책하는 광경을 상상해보았다. 문득, 선생님이 일어선 모습을 본 게 16년 전의 일임을 깨닫게 되었다. 16년이나 됐다니.

"24시간만 건강해지면?"

"24시간만 건강해지면요."

"어디 보자구… 아침에 일어나서 운동을 하고, 스위트롤 빵과 차로 멋진 아침 식사를 하고 수영하러 가겠어. 그런 다음 찾아온 친구들과 맛좋은 점심 식사를 함께하고. 그리고 이때 한 번에 한둘씩만 찾아오면 좋겠군. 그래야 그들의 가족과 중요 관심사에 대해 온전히 이야기를 나눌 수 있을 테니까. 또 우리가 서로에게 얼마나 소중한 사람들인지에 대해서도 이야기하고."

모리 선생님은 상상만 해도 즐거운 듯 환하게 미소지으며 말을 계속했다.

"그런 다음 산책을 나가겠어. 나무가 있는 정원으로 가서 여러 가지 나무도 보고 새도 구경하면서, 오랫동안 보지 못한 자연에 파묻히겠네."

"그리고요?"

"저녁에는 모두 레스토랑에 가서 스파게티를 먹고 싶네. 아니 오리 고기를 먹을까. 난 오리 고기를 무척 좋아하거든. 그런 다음 나머지 저녁 시간 동안 춤을 추고 싶네. 거기 있는 멋진 춤 파트너들과 지칠 때까지 춤을 춰야지. 그런 다음 집에 와서 깊고 달콤한 잠을 자는 거야."

"그게 다예요?"

"그래 그게 다야."

정말 소박했다. 너무도 평범했다. 사실 난 좀 실망했다. 선생님이 이탈리아로 날아가거나, 대통령과 점심 식사를 하거나, 바닷가를 걷거나, 생각해낼 수 있는 온갖 이색적인 일을 할 걸로 짐작했는데. 이렇게 누워서 한 발자국도 걷지 못한 채 오랜 시간을 보낸 끝에, 어떻게 그리도 평범한 하루에서 완벽함을 찾을 수 있을까?

그때서야 비로소 깨달았다.

바로 그것이 핵심임을.

그날 내가 떠나기 전, 선생님은 주제를 한 가지 제의해도 되겠느냐고 물었다.

"자네 동생에 대해."

몸이 떨렸다. 내 마음에 그 생각이 꽉차 있음을 선생님이 어떻게 알았는지 모르겠다. 몇 주째 스페인에 있는 동생과 통화하려고 시도했지만, 암스테르담에 있는 병원으로 날아갔다가 돌아온다는 소식만을 친구에게서 전해들었을 뿐이었다.

"미치, 사랑하는 사람과 함께 있을 수 없다는 것이 얼마나 속상한 일인지 잘 아네. 하지만 그의 바람대로 해줄 필요가 있네. 어쩌면 그는 자네의 삶을 망치고 싶지 않을 거야. 어쩌면 그는 그런 짐을 어쩌지 못하고 있는 거야. 나도 아는 사람 모두에게 예전처럼 그대로 생활하라고 말하네. 내가 죽어가는 것 때문에 자신의 생활을 망치지 말라고."

"하지만 그애는 제 동생인걸요."

"알아. 그래서 마음이 아픈 거지."

마음속에 8살 때의 피터가 떠올랐다.

곱슬거리는 금발머리가 새둥지를 튼 모습의 그애가. 또 바지 무릎팍에 잔뜩 풀물이 들어가지고 우리가 집 옆 마당에서 레슬링을 벌이던 모습도 떠올랐다. 또 그애가 솔빗을 마이크처럼 쥐고 서서 거울 앞에서 노래하던 모습. 어릴 적 다락방에 숨어서, 부모님이 저녁밥 먹으라고 찾아오는지를 숨죽이고 기다리던 우리들의 모습까지.

그리고 나서 어른이 되어 떠도는 그애의 모습이 떠올랐다. 수척하게 마른 모습. 화학 요법을 받느라 뼈만 앙상한 얼굴.

"선생님, 동생은 왜 저를 만나고 싶어하지 않을까요?"

내가 물었다.

내 노은사는 한숨을 내쉬었다.

"인간관계에는 일정한 공식이 없네. 양쪽 모두가 공간을 넉넉히 가지면서, 넘치는 사랑으로 협상을 벌여야 하는 것이 '인간관계'라네. 두 사람이 무엇을 원하는지, 무엇이 필요한지, 무엇을 할 수 있으며, 또 각자의 삶이 어떤지."

"협상이라구요?"

"사업에서 사람들은 서로를 이기기 위해 협상을 벌이네. 원하는 것을 얻기 위해 협상을 하네. 어쩌면 자네가 거기에 너무 익숙해졌는지도 몰라. 하지만 사랑은 다르다네. 자기 상황뿐만 아니라 다른 사람의 상황에도 마음을 쓸 때 바로 그게 바로 진정한 사랑이지."

"진정한 사랑이요?"

나는 힘없이 따라했다.

"자네는 동생이랑 특별한 시간을 보냈지. 한데 이젠 그와 함께했던 것을 누리지 못해. 물론 되돌리고 싶겠지. 그런 시간이 멈추는 것이 싫을 거야. 하지만 그게 인간이잖나. 멈추고, 새로워지고, 멈추고, 새로워지고."

나는 그를 바라보았다. 세상의 모든 죽음이 보였다. 갑자기 무기력감이 밀려들었다.

"자넨 분명히 동생에게 돌아가는 방법을 찾아낼 거야."

선생님이 말했다.

"어떻게 아세요?"

그는 미소지었다.

"자넨 날 찾았잖아, 안 그래?"

작은 파도 이야기

"저번 날 멋진 이야기를 들었네."

모리 선생님이 말한다. 그는 잠시 눈을 감고, 나는 그의 말을 기다린다.

"그래. 넓고 넓은 바다에서 넘실대는 작은 파도에 대한 이야기야. 파도는 바람을 맞고 신선한 공기를 마시며 즐거운 시간을 보냈지. 그러다가 자기 앞에 있는 다른 파도들이 해변에 닿아 부서지는 것을 보았어."

"'하나님 맙소사, 이렇게 끔찍할 데가 있나. 내가 무슨 일을 당할지. 저것 좀 봐!' 파도는 말했지."

"그때 다른 파도가 뒤에서 왔어. 그는 이 작은 파도의 우울한 기분을 알아차리고 물었어. '왜 그렇게 슬픈 표정을 짓고 있어?'"

"아까 그 작은 파도가 대답하지. '넌 모를 거야! 우린 모두 부서진다구! 우리 파도는 부서져 다 없어져버린단 말이야! 정말 끔찍하지 않니?'"

"그러자 다른 파도가 말하지. '아냐, 넌 잘 모르는구나. 우리는 그냥 파도가 아냐, 우리는 바다의 일부라구.'"

나는 미소짓는다.

모리 선생님은 다시 눈을 감는다.

"'바다의 일부.' 그래, 바다의 일부지."

그가 말한다.

나는 모리 선생님이 공기를 들이쉬었다 내쉬었다, 들이쉬었다 내쉬는 모습을 가만히 지켜본다.

작별의 인사를 나누다

열네 번째 화요일

춥고 축축한 날씨였다. 모리 선생님댁 계단을 올라갔다. 지금까지 그렇게 여러 번 왔는데도 알아차리지 못했던 것들이 눈에 들어왔다. 언덕 모양, 돌로 된 집 전면, 수호초, 키 작은 나무. 시간을 끌며 천천히 걸으면서, 젖은 낙엽을 밟았다.

전날 샬럿은 내게 전화를 걸어서, 선생님의 "상태가 별로 좋지 않다"고 알렸다. 그것은 샬럿이 그의 마지막 나날이 시작되었음을 알리는 방식이었다. 선생님은 약속을 전부 취소했고, 아주 오랫동안 잠을 잤다. 그것은 모리 선생님답지 않은 일이었다. 그는 대화할 수 있는 사람이 있을 때는 잠자기를 별로 좋아하지 않았다.

"그이는 미치가 와주는 것을 좋아해요. 한데 미치…."

샬럿이 말했다.

"네?"

"그이 몸이 굉장히 나빠요."

현관으로 올라가는 층계, 현관문에 끼워진 유리. 나는 천천히 관찰하듯 이런 것들을 음미했다. 마치 처음으로 그런 것들을 보는 것처럼. 어깨에 맨 가방에 든 녹음기를 만져보았다. 그리고 테이프를 가져왔는지 확인하려고 가방을 열어보았다. 왜 그랬는지 모르겠다. 항상 테이프를 가지고 다니면서.

초인종을 누르자 코니가 문을 열어주었다. 보통때는 활달한 그녀였지만, 오늘은 왠지 어두운 표정을 짓고 있었다. 그녀는 부드러운 목소리로 인사했다.

"선생님은 어떠십니까?"

내가 물었다.

"별로 좋지 않으세요. 생각하기도 싫어요. 정말 좋으신 분인데, 알죠?"

코니는 입술을 깨물었다.

"알지요."

"정말 안타까운 일이에요."

샬럿이 복도로 나와서 나를 껴안았다. 모리 선생님이 아직 주무신다고 했다. 오전 10시인데. 우리는 부엌으로 갔다. 나는 샬럿이 정리하는 것을 도왔다. 식탁 위에 놓인 약병들이 눈에 들어왔다. 흰 뚜껑이 씌워진 갈색 플라스틱 병정 부대 같았다. 이제 내 노은사는 좀더 수월하게 호흡하기 위해 모르핀을 투약

받고 있었다.

나는 사들고 온 음식을 냉장고에 넣었다. 수프, 야채 케이크, 참치 샐러드. 샬럿에게 이런 걸 가져와서 죄송하다고 사과했다. 선생님이 이런 음식을 씹지 못한 지 벌써 몇 달이나 되었고, 우리 둘 다 그런 사실을 잘 알았다. 하지만 내가 음식을 사들고 오는 것은 일종의 습관이 되어 있었다. 어떤 이를 잃어갈 때, 그와 관계된 어떤 습관에든 매달리게 되는 경우가 종종 있다. 그 때문이었다.

나는 거실에서 기다렸다. 우리 선생님과 테드 코펠이 첫번째 인터뷰를 했던 바로 그곳에서. 테이블에 놓인 신문을 읽었다. 미네소타에서 어린애 둘이 아버지 권총을 갖고 놀다가 서로 쏜 사건이 있었다. 그리고 로스앤젤레스 뒷골목에 있는 쓰레기통에서 아기가 발견되었다는 기사도 있었다.

나는 신문을 내려놓고 멍하니 벽난로를 바라보면서 마룻바닥을 가볍게 발로 두드렸다. 마침내 문이 열렸다 닫히는 소리가 나더니, 샬럿이 거실로 다가오는 소리가 들렸다.

"들어오세요. 그인 미치를 만날 준비가 다됐어요."

샬럿이 부드럽게 말했다.

나는 일어나서, 우리가 늘 만나는 곳으로 향했다. 한데 복도 끝에 놓인 접는 의자에 낯선 여자가 앉아 있었다. 그녀는 다리를 포개고 앉아 책을 읽고 있었다. 호스피스 간호사였다. 선생님을 24시간 돌보는 의료진의 한 사람이었다.

선생님 서재는 비어 있었다. 당황스러웠다. 서둘러 침실로 가니, 선생님은 침대에 누워 이불을 덮고 있었다. 이렇게 누운 선생님은 이제껏 마사지를 받으려고 누워 있을 때를 빼면 딱 한 번밖에 보지 못했다. 머릿속에 모리 선생님이 지은 아포리즘이 메아리치기 시작했다. "침대에 누워 있는 것은 죽어 있는 것."

억지로 미소를 지으며 방으로 들어갔다. 선생님은 파자마 같은 노란색 상의를 입고, 가슴 아래는 담요를 덮고 있었다. 몸뚱이가 어찌나 작아졌는지 몸에서 뭔가 빠졌다는 생각이 들 정도였다. 우리 선생님은 아이 같았다.

그는 입술을 움직였다. 광대뼈 부분이 창백했다. 선생님은 내 쪽으로 눈길을 주며 말하려 애썼지만, 그렁대는 소리만 들렸다.

"여기 계셨군요."

나는 있는 힘껏 기운을 다 짜내서 쾌활하게 말했다.

그는 숨을 내쉬고 눈을 감았다. 그리고 미소지었다. 이런 노력조차도 그에게는 힘겨운 듯 보였다.

"내… 사랑하는 친구…."

마침내 선생님이 말했다.

"그래요. 저는 선생님 친구죠."

"오늘은 상태가… 그다지… 좋지 못하군…."

"내일은 괜찮으실 거예요."

그는 다시 한 번 몰아쉬더니 힘들여 고개를 끄덕였다. 이불 밑에서 뭔가 하려고 애썼다. 손을 움직이려는 듯했다.

"손 좀 잡아주게…."

그가 말했다.

나는 이불을 젖히고 선생님의 손을 잡았다. 내 손에 쏙 들어왔다. 나는 허리를 굽혀 얼굴을 그의 얼굴에 바싹 갖다댔다. 처음으로 면도하지 않은 선생님의 모습을 보았다. 사방에 흰 수염이 나 있었다. 뺨과 턱에 소금을 뿌려놓은 것 같았다. 이렇게 기운이 빠지는 마당에 무슨 생명력이 있어서 저렇게 새 수염이 돋아나는 걸까?

"선생님."

나는 나지막이 불렀다.

"코치."

그가 고쳐주었다.

"코치."

난 다시 고쳐불렀다. 몸이 떨렸다. 선생님은 공기를 들이마시고 말을 내뱉는 식으로 짧게 말했다. 실낱 같은 소리가 삐걱거리며 났다. 그리고 연고 냄새가 풍겼다.

"자넨… 착한 영혼을 가졌어."

"착한 영혼이요?"

"여길 만져보게."

선생님이 소근댔다. 그는 내 손을 당신 가슴으로 가져갔다. 내 목구멍에 구멍이 뻥 뚫린 기분이 들었다.

"코치?"

"응?"

"어떻게 작별 인사를 해야 할지 모르겠어요."

선생님은 당신 가슴에 놓인 내 손을 힘없이 토닥였다.

"우리… 이렇게… 작별 인사를… 하자구…."

선생님이 가만히 숨을 쉬자, 갈비뼈가 오르락내리락 하는 것이 느껴졌다. 그때 선생님은 나를 똑바로 바라봤다.

"자네를… 사랑하네."

선생님이 힘겹게 말했다.

"저도 사랑해요, 코치."

"그건… 아네… 그리고 또 알아…."

"뭘 또 아시는데요?"

"자네가… 늘… 그랬다는 걸…."

선생님은 눈을 가늘게 뜨더니 어느새 울기 시작했다. 꼭 어린 아이처럼 얼굴을 일그러뜨리면서 눈물을 흘렸다. 나는 몇 분간 선생님을 꼭 끌어안고 있었다. 그리고 흐물흐물한 살갗을 문질렀다. 머리칼도 쓰다듬고. 내 손바닥을 선생님의 얼굴에 대고, 앙상한 뼈를 만지고 눈물 자국도 매만졌다.

선생님의 호흡이 다시 정상으로 돌아오자, 나는 목소리를 가다듬으며 말했다. 선생님이 피곤하신 걸 안다고, 그러니 다음 화요일에 다시 오겠다고. 그때는 더 건강하시길 바란다고. 그는 가볍게 웃었다. 웃음에 가깝다고 할 수 있었지만, 그것은 슬픈 소리였다.

나는 열어보지도 않은 녹음기 가방을 들었다. 왜 이런 걸 가져왔을까? 우리가 이걸 쓰지 못하게 될 줄 뻔히 알았으면서. 나는 몸을 굽혀 선생님의 뺨에 키스했다. 얼굴을 맞대고 구레나룻을 마주대고, 살을 부비면서 좀 길다 싶게 한참 그러고 있었다. 이 짧은 순간이 선생님에게 큰 즐거움이 될 것 같아서.

"이제 됐지요?"

나는 얼굴을 떼며 말했다.

눈물이 나오자 나는 눈을 깜빡였다. 모리 선생님은 내 얼굴을 보고는 입술을 꾹 다문 채 눈썹을 치떴다. 이 순간, 내 사랑하는 노은사가 만족스러움을 느꼈으면 좋겠다는 생각이 들었다. 마침내 그가 나를 울게 만들었다는 만족감을 말이다.

"음, 이젠 괜찮아."

선생님이 속삭였다.

나의 졸업, 모리의 장례식

모리 선생님은 토요일 아침에 세상을 뜨셨다.

온 가족이 집에 모여 있었다. 아들 롭은 도쿄에서 날아와 아버지에게 작별의 키스를 했고, 존도 거기 있었다. 당연히 샬럿도 있었고, 샬럿의 사촌 마샤도 있었다. 마샤는 '살아있는' 장례식 때 선생님을 감동시킨 시를 쓴 장본인이었다. 선생님을 '다정한 세쿼이아'로 표현했던 바로 그녀였다.

식구들은 당번을 정해 선생님의 침대 곁에서 잠을 잤다. 우리가 마지막으로 만난 다음다음 날, 선생님은 혼수 상태에 빠졌고 의사는 어느 순간 돌아가실지 모른다고 말했다. 하지만 그는 힘겨운 오후를 버티고 어두운 밤도 잘 견뎌냈다.

마침내 11월 4일, 사랑하는 이들이 잠시 방을 떠났을 때—모두 부엌에서 커피를 마셨는데, 혼수 상태가 시작된 후, 선생님을 혼자 두고 방을 비운 것은 이때가 처음이었다—모리 선생님은 숨을 멈추었다.

그리고 그는 떠났다.

나는 선생님이 일부러 그렇게 돌아가셨다고 믿는다.

싸늘한 순간을 결코 그가 원치 않았으리라고 믿는다. 마지막 숨이 끊기는 것을 누가 보는 것을 원치 않았을 것이다.

어머니의 부고 전보를 받았을 때, 혹은 시체 안치소에서 아버지의 시신을 봤을 때의 느낌이 늘 그를 따라다녔기에, 자신의 가족들에겐 그런 경험을 하게 하고 싶지 않았으리라.

나는 선생님이 당신의 침대에 누워 있음을 알았으리라고, 또 자신 가까이에 책과 노트와 작은 히비스커스 화분이 있음을 알았으리라고 믿는다.

선생님은 평화롭게 가고 싶어했고, 정말로 그렇게 세상을 떠났다.

습한 바람부는 아침, 장례식이 치러졌다. 풀잎은 젖었고 하늘은 우윳빛이었다. 우리는 땅에 파놓은 구멍 곁에 서 있었다. 연못의 물이 찰랑거리는 소리가 들리고, 오리가 털을 흔드는 소리까지 다 들리는 그곳에.

수백 명이 참석하고 싶어했지만, 샬럿은 가까운 친구와 친척만 모이게 했다.

랍비 액슬라드는 시 몇 편을 읽었다. 어릴 적에 앓은 소아마비 때문에 아직도 다리를 저는 모리의 동생 데이비드가 관습에 따라 삽을 들고 무덤에 흙을 뿌렸다.

선생님의 재가 땅 속에 뿌려졌을 때, 나는 무덤 주위를 둘러보았다. 선생님이 옳았다. 정말이지 아름다운 곳이었다. 나무와 풀과 가파른 언덕.

"자네가 말하라구, 내가 들을 테니."

선생님은 그렇게 말했었다.

머릿속으로 그렇게 하려고 애를 썼다. 행복하게도, 그런 상상 속의 대화가 자연스럽게 느껴졌다. 무심코 나는 손을 내려다보았다. 손목 시계를 보고 그 이유를 깨달았다.

바로 화요일이었다.

아버지는 우리를 지나가셨네, 나무의 새 잎새마다 노래하면서
(그리고 아버지의 노래를 들으면서 아이마다 봄이 춤춘다고 믿었네)….

—E.E. 컴밍스

(장례식에서 모리 선생님의 아들 롭이 읽은 시)

에필로그

이따금 내 노은사를 다시 찾아뵙기 전의 나를 돌아본다. 난 이전의 그(이전의 미치)에게 말하고 싶다. 무엇을 찾아야 할지, 어떤 실수를 피해야 할지 그에게 말해주고 싶다. 더 마음을 열라고. 광고로 인해 만들어진 헛된 가치에 유혹되지 말라고. 사랑하는 사람이 말할 때는 생애 마지막 이야기인양 관심을 기울이라고 말해주고 싶다.

또 그에게 비행기를 타고 매사추세츠 주의 웨스트 뉴턴에 사는 노신사를 찾아가라고, 그 노인이 병들어 춤출 힘을 잃기 전에 찾아뵈라고 말하고 싶다.

물론 그러지 못한다는 것을 잘 안다. 이미 저질러진 일을 되돌릴 수는 없다. 이미 지나간 삶을 되돌릴 수는 없다. 하지만 선생님이 내게 가르쳐준 게 있다면, 바로 이런 것이다.

인생에서 '너무 늦은 일' 따윈 없다는 것. 그는 작별의 인사를 할 때까지 계속해서 변했다.

선생님이 세상을 뜨고 얼마 되지 않아, 스페인에 있는 동생과 연락이 되었다. 우리는 오랫동안 이야기를 나누었다. 나는 네가 유지하려는 거리를 존중한다고 말했다. 다만 가까이 있고 싶을 뿐이라고. 과거에만 가까웠던 사이가 아니라 현재에도 그런 관계가 되고 싶다고 말했다. 네가 허락하는 만큼 내 삶에서 너를 껴안고 싶다고.

"넌 하나밖에 없는 내 동생이야. 널 잃고 싶지 않다. 사랑한다." 그렇게 말했다.

그 전에는 동생에게 그렇게 말한 적이 한번도 없었다.

며칠 후, 팩스가 한 장 들어왔다. 동생다운 스타일대로 구둣점이 엉망이고 대문자로만 적힌 메시지였다.

"안녕. 난 90년대에 합류했다구!"

편지는 그렇게 시작했다. 그 주일에 뭘 하며 지냈는지 간단한 이야기와 두어 가지 농담까지 적혀 있었다. 그리고 끝에 그애는 이런 식으로 서명했다.

"지금 가슴이 막히고 설사가 나. 개떡같아. 나중에 얘기하자구." ──아픈 송곳니

나는 눈물이 나도록 웃었다.

～～～～ 이 책을 만드는 것은 모리 선생님의 생각이었다. 그는 이 책을 우리의 '마지막 논문'으로 불렀다.

멋진 프로젝트가 그렇듯 우리는 이 책을 만들며 더 가까운 사이가 되었고, 여러 출판사에서 관심을 표명할 때마다 선생님은 기뻐하셨다. 비록 출판 관계자를 직접 만나지 못하고 돌아가셨지만.

이 책의 선인세는 선생님의 엄청난 치료비에 충당되었고, 그 점에 대해 우리 둘 다 무척 고마워했다.

그리고 이 책의 제목은 선생님의 서재에서 우리 둘이 정했다.

모리 선생님은 사물에 이름 붙이기를 좋아했다. 그가 몇 가지 아이디어를 냈다. 하지만 내가 《모리와 함께한 화요일》이라고 하면 어떨까요?"라고 하자, 선생님은 환하게 웃었다. 나는 그 웃음의 의미를 알았다.

선생님이 돌아가시고, 대학 시절 서류들이 담긴 상자를 뒤졌다.

선생님이 강의하는 과목을 들으면서 쓴 학기말 리포트가 나왔다. 색이 바랜 20년 전의 리포트. 앞 페이지에 내가 연필로 모리 선생님에게 보내는 몇 마디의 글이 적혀 있고, 그 아래에 선생님이 쓴 답신이 적혀 있었다.

내 글은 이렇게 시작됐다.

"코치께…."

선생님의 글은 이렇게 시작됐다.

"선수에게…."

그 구절을 읽자니 선생님이 더 간절히 그리워진다.

이 글을 읽는 당신에게도 진정으로 그리워할 스승이 있었는지? 당신을 있는 그대로 귀한 존재로, 닦으면 자랑스럽게 빛날 보석으로 봐준 그런 스승이 있었는지? 혹시 운이 좋아서 그런 스승을 찾아낸다면, 그에게 다시 가는 길도 찾을 수 있을 것이다. 머릿속으로만 그럴 수도 있고, 나처럼 선생님의 침대 곁으로 직접 찾아갈 수도 있을 것이다.

내 노은사의 일생 마지막 강의는 1주일에 한 차례씩 선생님 댁의 서재 창가에서 이루어졌다. 그가 작은 화분에 핀 분홍빛 히비스커스 꽃을 볼 수 있는 그곳에서. 수업은 화요일에 있었다. 책은 필요없었다. 강의 주제는 인생의 의미. 선생님은 경험에서 얻은 바를 가르쳤다.

그 가르침은 아직도 계속되고 있다.

나를 다시 깨어나게 해준 글이었다

스코틀랜드에서 이 글을 쓴다. 이곳은 영국에서도 상당히 북쪽이라 5월의 끝자락인 지금, 오후 10시나 되어야 해가 진다. 지금 밤 10시가 넘었는데도 아직까지 어슴프레하다. 이제 여름이 더 깊어지면 밤 11시까지도 해가 지지 않을 것이다. 덕분에 늦은 시간까지 푸르름만은 눈이 시리도록 볼 수 있을 것이다.

누군가 초록의 색조가 40가지라고 했다지만, 이곳 스코틀랜드에서 느끼는 초록은 그보다 훨씬 더하다. 햇빛이 초록을 비추면 그 따스하고 싱그러운 색이 얼마나 반짝이는지, 또 그 아래 호수는 가슴이 서늘해질 만큼 얼마나 고운지…. 자연의 아름다움에 순간 아득해질 때가 있다.

엊그제도 그런 경험을 했다. 어떤 정원에서 400가지도 넘는 진달래꽃, 철쭉꽃을 봤다. 촌색시 치마 저고리 빛깔의 진달래가 있는가 하면, 고아한 상앗빛 꽃도 있고, 하늘을 찌를 듯 높이 자란 꽃나무도 있고…. 하지만 나무 아래 보랏빛 물결을 이룬 작은 블루벨스가 더 아름답게 보였다. 색색으로 물든 꽃 사이로 난 조그만 나무 다리를 건너며 나는 이 글을 읽을 독자들을 생각했다. 《모리와 함께한 화요일》 역자 후기를 마음에 담고 떠난 여행이었으므로.

번역 작가란 이름으로 10년도 넘는 세월을 지내는 동안, 믿어지지 않겠지만, 책상 위에 일이 놓여 있지 않은 날이 단 하루도 없었다. 그만치 즐거웠고 한편으로는 일의 무게에 짓눌리기도 했다. 사실 단어 하나, 글 한 줄마다 읽어줄 이를 생각하지 않은 적이 없었다. 나의 글은 나를 위한 글이 아니라 읽어줄 이를 위한 것이기 때문이다. 한데 이번 작품은 독자마저 잊고 오직 모리 교수만 생각하며 온전히 몰입하여 번역했다. 아니 내가 독자가 되어 함께 호흡했다고 말하는 편이 옳으리라. 정말 기막힌 경험이었다.

여기 모리 슈워츠라는 사회학과 교수가 있다. 사지를 쓰지 못하다가 결국 숨쉬기도 힘들어지는 루게릭 병이라는 희귀한 병을 앓는 죽음을 앞둔 환자다. 그런 그가 살아있는 우리들에게 살아있음의 의미, 죽어감의 의미를 들려준다. 그가 마지막 숨을 모두어, 우리에게 어떻게 죽어야 할지를 알면 어떻게 살아야 할지를 알 수 있다는 메시지를 보낸다. 《모리와 함께한 화요일》은 그의 제자 미치가 모리가 세상을 떠나기 전 서너 달 동안 매주 화요일에 만나 인생을 주제로 가진 수업 내용을 적은 글이다. 이 글을 읽으면서 우린 매사추세츠 주 보스턴 근교의 서재에서 모리 교수가 들려주는 삶과 죽음에 관한 강의에 참여하게 된다. 이것을 통해 삶에서 정말 중요한 것이 무엇인지 곱씹어보게 된다. 세상이 중요하다고 선전하는 무의미한 것들에 매달리는 대신 타인을 동정하고 공동체를 사랑하는 마음을 배우게 된다. 또 사는 것과 함께 나이 들어가는 것, 죽는 것을 소중히 여기는 마음도 배우게 된다.

내겐 유나라는 딸 아이가 있다. 이제 가을이면 5살이 되는 그 아이는 15년 후, 혹은 20년 후쯤 이 글을 읽게 될 것이다. 그 아이가 모리 교수처럼 강하고 고운 영혼을 가진 사람으로 자라길 바라며 엄마로서 기도하는 마음으로 번역했다. 아니 그보다 내 자신이 그처럼 강하고 고운 영혼을 가진 사람이 될 각오로 번역했다. 여러 가지 의미에서 《모리와 함께한 화요일》은 나를 다시 깨어나게 해준 글이었다. 번역에 오점이 있을까 조심스럽기는 하지만, 모리의 이야기를 여러분과 나누고 싶은 마음이 간절하다. 20년 후, 우리 유나에게 바치는 그런 마음으로 여러분께 이 글을 바친다. 지금쯤 모리 교수가 천사가 되어 우리에게 삶이 힘겨워도 괜찮다고, 진짜 의미 있는 것을 향해 힘차게 나아가라고 등 두드려주면 좋겠다. 그리고 이제 이 글을 마치고 김치를 담으러 부엌으로 가는 내게도 그 사람 좋은 웃음을 보내주었으면 좋겠다.

스코틀랜드에서
공경희